LES PLAISANTERIES

de Nasr-Eddin Hodja

LES PLAISANTERIES

de Nasr-Eddin Hodja

TRADUITES DU TURC

par

J.-A. DECOURDEMANCHE

1876

© 2021 – Domaine Public

Édition : BoD – Books on Demand,
12/14 rond-point des Champs-Élysées, 75008 Paris
Impression : BoD - Books on Demand, Norderstedt, Allemagne

Illustration : Tag mural
„Quand je lui ai dit que mon coeur est d'argile…"

ISBN : 9782322380558
Dépôt légal : Août 2021

A ma tante Elisabeth,

qui me racontait de belles histoires ;

A Nana...

AVIS CONCERNANT
CETTE EDITION DE 2021

Jean-Adolphe Decourdemanche (1844-1915) : Orientaliste. - Rédacteur financier au "Globe". - A fait don de sa collection de manuscrits à la Bibliothèque nationale de France, fonds turc. - Confondu dans certaines sources avec Osman-Bey.

Ses œuvres sont un peu passées dans l'oubli, bien qu'elles soient désormais du domaine public. Son français est assez proche du contemporain, et j'ai laissé quelques tournures idiomatiques du texte original, me bornant à corriger ce qui étaient manifestement des coquilles ou fautes d'orthographe dues à l'étourderie de l'imprimeur.

Un glossaire ne m'a pas paru indispensable, les mots turcs étant expliqués au fur et à mesure dans le texte original ; ces mots sont en italiques. Des notes explicatives enfin se trouvent en fin de volume, signalées au fur et à mesure.

Je vous souhaite une agréable lecture de cette édition intégrale.

Christophe NOËL

AVERTISSEMENT DU TRADUCTEUR

Parmi les productions légères de la littérature ottomane, les plaisanteries de Nasr-Eddin Hodja tiennent une place qui ne leur est disputée par aucun autre ouvrage. On peut mème dire qu'elles constituent, à elles seules, un genre spécial : le genre plaisant.

À ce titre, elles se recommandaient déjà à l'attention du traducteur. Une autre raison, peut-être plus puissante encore, le sollicitait. C'est vraisemblablement dans ces petits récits que le génie osmanli s'éloigne le moins de la sobriété à laquelle les narrateurs occidentaux nous ont accoutumés. Ici, point de ces comparaisons hyperboliques qui déroutent l'imagination, point de ces images ténues dont les lettrés ottomans peuvent seuls apprécier le mérite ; point de ces périodes allongées à plaisir où l'élégance et la recherche des expressions font perdre souvent à l'auteur le fil de son raisonnement. Au lieu de ces ornements qui troublent le lecteur européen, nous trouvons parfois de la bonne et franche gaieté, une verve naïve dont les éclairs inattendus commandent un rire de bon aloi, comme en provoquaient les joyeux récits dont nos pères égayaient la veillée au coin du feu. On pardonne alors les traits d'un ton trop enfantin pour nous plaire, lecteurs blasés que nous sommes, bien qu'ils fassent encore les délices des Turcs les plus instruits.

Ajoutons, qu'au point de vue pittoresque de l'étude des mœurs asiatiques, les anecdotes de Nasr-Eddin Hodja fourmillent de détails instructifs et caractéristiques. Nous voyons Nasr-Eddin, dans ses historiettes, plaisanter avec Timour-lenk (Tamerlan), le redoutable conquérant tartare; tenir des discours bouffons devant Ala-Eddin, ce prince de Caramanie que vainquit Bayezid-la-Foudre; habiter Ak-Chehir, la ville même ou ce même sultan ottoman fut relégué par Timour-lenk après la bataille décisive d'Angora (1402).

Comme nous l'indiquons, les recueils des plaisanteries de Nasr-Eddin Hodja le représentent toujours comme contemporain de Timour-lenk et corroborent cet énoncé par une foule d'indications secondaires et incidentes qui ne permettent guère de mettre en doute l'existence du Hodja a cette époque.

Observons toutefois que Nasr-Eddin apparaît, à l'esprit des Ottomans, comme un être de raison sur le compte duquel ils mettent toutes les saillies populaires. Chez eux il personnifie, a lui seul, MM. de

Crac et de la Palisse, Cadet-Roussel, Michel Morin, M. Bonasse, Calino et toutes les autres individualités imaginaires qui se partagent en France le domaine des joyeusetés naïves et railleuses.

Si donc Nasr-Eddin a pu, dans l'origine, être véritablement l'auteur d'un certain nombre de traits plaisants, on ne saurait nier, qu'avec le temps, on ne lui ait attribué tous ceux qui pouvaient s'accorder avec le caractère dessiné par les premiers faits.

On conçoit que, dans ces conditions, les compilations des plaisanteries de Nasr-Eddin soient fort différentes. Elles varient, tout à la fois, quant au style de la narration, a l'étendue donnée au récit de chaque anecdote, à la quantité et à la nature de celles rapportées.

Il est cependant un groupe d'historiettes, en quelque sorte traditionnelles, qui constituent le fond de tous les recueils et se retrouvent dans un ordre presque invariable. La plupart des manuscrits ont même adopte une division en huit chapitres qui comprennent les plaisanteries du Hodja avec : 1° le peuple ; 2° les souverains et les princes ; 3° sa femme ; 4° les enfants ; 5° les étudiants et écoliers ; 6° les cadis ; 7 son âne et 8° son bœuf. Ensuite vient un supplément, et c'est précisément là que les différences sont les plus sensibles entre les diverses compilations. De ces rapprochements on peut induire, avec assez de probabilité, qu'il a dû exister un ouvrage original dont plusieurs générations de copistes et d'écrivains ont, sous prétexte d'améliorations, successivement défiguré la rédaction primitive.

Le texte choisi pour cette traduction est celui des nombreuses éditions autographiées, publiées en Turquie ; une écriture plus ou moins soignée les distingue seule. Elles offrent l'avantage — fort apprécié par ceux des commençants non encore rompus a la lecture des mots non accentués, — de présenter tous les points-voyelles.

Notre but en préférant le texte autographié, facile à se procurer, a été d'offrir aux étudiants les moyens de s'appliquer, par le simple rapprochement de l'original et de la traduction, à l'exercice alternatif du thème et de la version. C'est aussi en vue de leur offrir cette facilité que nous nous sommes constamment efforce — autant que le permettait le génie si différent des deux idiomes mis en parallèle — de nous rapprocher des tournures de phrases ottomanes. Ce que nous perdions ainsi en élégance, nous le gagnions en exactitude. Nous nous sommes permis cependant de légers écarts, quand les expressions de l'original dépassaient les limites de bienséance imposées à notre langue ou quand il s'est agi de trouver l'équivalent d'un bon mot. De plus, nous avons ajouté un titre à chaque historiette.

Poursuivi dans cet esprit, nous espérons que notre travail appellera l'attention des Européens désireux de s'initier aux premiers secrets du dialecte osmanli. Il leur serait difficile, en effet, de trouver, ailleurs que dans Nasr-Eddin, un échantillon plus complet de cette littérature populaire, si précieuse pour l'étranger en raison de l'emploi constant d'un style simple et familier, image fidèle du langage usuel d'Ottomans de classe ordinaire.

Composé uniquement de phrases courtes, d'où sont exclus aussi bien les mots arabes et persans que les formes compliquées dont les verbes turcs sont susceptibles chez les écrivains classiques, c'est là un texte dont les esprits studieux peuvent saisir le sens sans autres auxiliaires qu'un dictionnaire et une grammaire bien choisis.

Nous aurions pu donner à cet avertissement les proportions d'une dissertation où la personnalité et le texte de Nasr-Eddin eussent été examinés à tous les points de vue divers auxquels certains traducteurs s'appliquent avec une complaisance rarement attrayante pour le lecteur. Il nous eût suffi de développer une étude assez étendue, insérée par M. Reinhold Kohler dans la Revue publiée à Gottingue, sous le titre de : *Orient und Occident* (3° trimestre de 186-). Le rédacteur s'v attache surtout à rapprocher les plaisanteries de notre auteur de celles contenues en divers recueils occidentaux de facéties ; il y prend pour point de comparaison une traduction de Nasr-Eddin, publiée a Brême, en 1857, sous le titre de : *Meister Nasr- Eddin's, schwanke und rauber und richter,* par MM. Camerloher et Prelog.

Nous renvoyons les curieux à l'article de M. Reinhold Kohler et à la préface de MM. Camerloher et Prelog.

Observons qu'il ne nous a pas été possible de nous procurer la traduction allemande, non plus que celle française avec texte turc, due a Nasif Mallouf et imprimée à Smyrne, vers 1854. Nous avons été ainsi privés de l'avantage de comparer notre travail avec ceux de nos devanciers.

Terminons par un mot d'explication sur l'épithète de Hodja, fréquemment accolée au nom de Nasr-Eddin ou employée seule pour désigner sa personnalité. On ne peut mieux comparer cette expression qu'à celle de l'abbé, employée chez nous pour designer un ecclésiastique. Ajoutons cependant qu'un Hodja, outre les fonctions sacerdotales, peut remplir celles de juge ou de maître d'école.

LES PLAISANTERIES

On rapporte comme suit ces narrations, récits, historiettes, aventures et bons mots :

1 — Un auditoire interloqué

Hodja Nasr-Eddin Effendi monte un jour en chaire, pour prêcher :
— O musulmans ! dit-il, connaissez-vous le sujet dont j'ai à vous entretenir ?
— Nous l'ignorons, répondit-on de l'auditoire.
— Comment vous développerais-je, s'écrie le Hodja, un sujet que vous ignorez ?
Une autre fois, il monte de nouveau en chaire et dit :

— O croyants ! savez-vous ce que j'ai à vous dire ?

— Nous le savons, s'écrie-t-on.

— Que vous dirais-je alors que vous ne sachiez ? fit le Hodja en descendant de la chaire.

L'assemblée reste surprise de son départ. Quelqu'un propose alors que, s'il revenait, les uns répondraient : "nous le savons", les autres : "nous l'ignorons". Cette opinion prévalut.

Une autre fois encore le Hodja paraît et, comme précédemment, s'écrie :

— O mes frères ! savez-vous ce que j'ai à vous dire ?

— Parmi nous, lui dit-on, les uns le savent, les autres l'ignorent.

— Eh bien ! réplique le Hodja, que ceux qui en sont instruits l'apprennent aux autres.

2 — Motif singulier d'actions de grâces

O musulmans ! s'écriait un jour Nasr-Eddin Hodja, adressez de nombreuses actions de grâces à Dieu Très-Haut pour n'avoir point donné d'ailes au chameau, car il serait alors descendu sur nos maisons et dans nos jardins, ou bien serait tombe sur nos têtes !

3 — Pourquoi deux climats se ressemblent

Le Hodja monte un jour en chaire dans certaine ville :

— O musulmans ! dit-il, le climat de votre ville et celui de la mienne sont en tout semblables !

— Comment cela, Hodja ? dit-on de l'assemblée.

— C'est clair, réplique le Hodja, j'ai compté, dans mon pays, combien l'on voyait d'étoiles ; il y en a tout autant ici.

4 — Moyen d'améliorer une voix défectueuse

Le Hodja fut un jour au bain ; il n'y trouve pas une âme, s'y ennuie et se met à chanter ; sa voix lui parut belle dans ce lieu étroit. Pourquoi cette belle voix ne ferait-elle pas au public autant de plaisir qu'à moi, se dit-il, et, sans plus tarder, il sort du bain et monte directement au minaret. Il y monte de même à plusieurs reprises. Une fois qu'il commençait à appeler pour le temdjid (prière d'avant l'aurore), certain passant, se renversant pour regarder en l'air, s'écrie :

— Quoi ! c'est donc cet ignorant qui appelle toujours le peuple mal à propos au temdjid avec cette voix insupportable !

— Croyants ! fit le Hodja en se penchant vers la terre, n'y aura-t-il donc pas un homme bien intentionné pour bâtir un bain ici et transformer cette voix dont on se plaint !

5 — Le songeur déçu

Une nuit, le Hodja voit en songe qu'on lui donnait

neuf *aspres*[1]. (Il faut actuellement six aspres pour valoir un centime.)

— C'est dix, dit-il.

Les dix offerts, il en demande dix-neuf, s'éveille pendant la conversation, et s'aperçoit qu'il n'a rien ; il ferme alors les yeux de nouveau et dit :

— Eh bien soit, l'ami, donne-m'en neuf.

6 — Un mort en promenade

Le Hodja cheminait un jour dans un lieu désert ; il voit venir, en sens contraire, quelques cavaliers. Peut-être étaient-ce des voleurs. Un tombeau était proche, il se hâte de se dépouiller de ses vêtements, et pénètre dans la cavité du mausolée. Les cavaliers l'aperçoivent en cet instant et s'approchent :

— Hé, l'ami, s'écrient-ils, pourquoi entres-tu là ?

À ces mots, le Hodja, ne sachant trop que dire, réplique :

— Ce tombeau est le mien, j'en étais sorti un moment seulement pour prendre l'air.

7 — Les effets d'un coup de vent

Le Hodja s'introduit certain jour dans un jardin. Il cache soit dans son sac, soit dans son sein, les carottes, les navets et tout ce qui lui tombé sous la main. Le jardinier rentre alors et le surprend.

---

1   Voir note 1, en fin de volume.

— Que cherches-tu là ? dit-il.

À ces mots, le Hodja, troublé, ne sut répondre autre chose, sinon qu'un grand vent s'était élevé et l'avait jeté là.

— Mais, dit le jardinier, qui a arraché tout ceci ?

— Si le vent, fit Hodja, a été assez violent pour que j'aie été transporté par son fait, du dehors jusqu'ici, il a bien pu aussi arracher vos légumes.

— Alors, dit le jardinier, qui a, d'après toi, mis tout cela dans le sac ?

— C'est justement à quoi je pensais quand tu es arrivé, fit le Hodja.

8 — Les crêpes battues

Une fois, le Hodja, se trouvant à *Koniah*[2], entre dans la boutique d'un marchand de helvas (crêpes de farine roussie et de miel). Aussitôt il récite la formule : "au nom de Dieu", et commence à manger du helva.

— Hé, l'ami ! que fais-tu donc là ? s'écrie le marchand.

Et il se met à battre le Hodja.

— Que le helva est bon dans cette ville de Koniah ! disait celui-ci ; battez-le, battez-le, mon ami, il n'en sera que meilleur.

9 — Le comput du pot

---
2 Voir note 2, en fin de volume.

Pendant le mois de *Ramazan*³, il vint une idée au Hodja. C'était, pour pouvoir suivre le jeûne imposé aux fidèles durant ce mois, de se procurer un vase où il mettrait chaque jour un caillou. Par aventure, sa petite fille vint à jeter une poignée de pierres dans le pot. Peu après, on demande au Hodja à quel quantième du mois on en était.

— Attendez un instant, dit-il, que je regarde.

Il rentre chez lui, renverse le pot, compte les pierres, et en trouve cent vingt. Si j'indique un pareil total, pense-t-il, on me traitera d'insensé.

— C'est aujourd'hui, répond-il aux questionneurs, le quarante-cinq.

— Comment, Hodja, mais il n'y a, dans un mois complet, que trente jours, et tu nous parles de quarante-cinq ?

— Ce n'est pas à la légère que je vous ai répondu, dit-il ; si vous vous arrêtiez au comput du pot, nous serions au cent vingt-cinq du mois.

10 — Où sont les lunes passées

— Des deux lunes, la nouvelle et la précédente, que devient celle qui a passé son dernier quartier ? demandait-on au Hodja.

— On la brise pour en faire des étoiles, répond celui-ci.

11 — Un chameau orgueilleux

---

3   Voir note 3, en fin de volume.

Une fois, le Hodja se résout à partir avec une caravane qui sortait de la ville ; précisément il possédait un chameau.

— Pourquoi irais-je à pied, se dit-il ; ce sera plus agréable pour moi de monter sur cet animal. Il s'y place donc. Peu après, pendant qu'il suivait la caravane, le chameau a peur, renverse violemment le Hodja et marche dessus. Celui-ci pousse un cri, les gens de la caravane le secourent, il reprend ses esprits un moment après et s'écrie :

— Avez-vous vu, musulmans, quelles sottises et quelles méchancetés cet ingrat chameau m'a faites ; parce que je suis monté sur lui, il a voulu en user de même envers moi ; saisissez-vous de ce traître, je vous prie, que je l'égorge.

12 — Marché avantageux

Un jour, il avait acheté des œufs à raison de neuf pour un aspre et allait les vendre, dans un autre endroit, à un aspre la dizaine.

— Pourquoi, lui demanda-t-on, en donnes-tu dix pour le prix auquel tu en achètes neuf ?

— Mes amis, dit-il, mon avantage est qu'on voie marcher le commerce.

13 — Responsabilité déclinée

Certain jour, le Hodja, vêtu de court, se rend à la mosquée et, en priant, se met le front contre terre. Un homme, placé derrière lui, aperçoit ses bourses et les saisit.

Le Hodja sent cela et en fait autant à l'imam (prêtre) placé devant lui. Celui-ci se retourne et s'enquiert de quoi il s'agissait.

— Que me demandez-vous ? dit alors le Hodja. Adressez-vous à l'homme qui est derrière moi.

14 — Un passeur arrangeant

Une fois, le Hodja, assis au bord d'un fleuve, voit venir à lui une troupe de dix aveugles. Ils conviennent que le Hodja les fera traverser à raison de un para chacun. En les faisant passer, l'un d'entre eux tombe dans le courant qui l'entraîne. Aussitôt, les autres aveugles se mettent à crier.

— Pourquoi criez-vous ? dit le Hodja, vous me payerez un passage de moins, voilà tout.

15 — Énigme bien devinée

Certain jour, un homme cache un œuf dans sa main, s'adresse au Hodja, et lui dit :
— Si tu devines quel est l'objet que je tiens, je te le donnerai pour en faire une omelette.
— Indique-moi sa manière d'être, fit le Hodja, et je te répondrai.
— Le dehors est blanc et le dedans jaune.
— Oh ! je sais ce que c'est, s'écrie le Hodja : un navet creusé rempli de morceaux de carottes.

16 — Rien n'est perdu pour tout le monde

Pendant qu'il se promenait dans une prairie, le Hodja rencontre un veau, s'en saisit, l'emmène incontinent dans sa maison, l'égorge et en cache le cuir. Le maître du veau, criant et gémissant, passe devant chez le Hodja.

— O ma femme ! dit celui-ci à son épouse, cet homme serait bien honteux de ses cris si je lui montrais la peau de son veau, c'est-à-dire si, lui faisant voir la peau de son veau, je lui prouvais qu'il n'est pas perdu.

17 — Quiproquo

Un jour que le Hodja flânait dans le marché, un homme l'aborde et lui demande :
— À quel chiffre est le mois ? Trois ou quatre ?
— Je ne sais, dit le Hodja, je ne l'ai encore ni acheté ni vendu.

18 — Excuse tirée d'une échelle

Le Hodja met un jour une échelle sur son épaule, l'appuie à la muraille d'un jardin, monte sur le mur, passe l'échelle de l'autre côté et descend. Le jardinier l'aperçoit :
— Que fais-tu, que cherches-tu là ? lui crie-t-il.
Le Hodja se rapproche vivement de son échelle et répond :
— Je vends des échelles.
— Est-ce donc ici qu'on tient marché d'échelles ?

réplique le jardinier.

— Quel ignorant tu fais, dit alors le Hodja, ne peut-on, en tout lieu, vendre des échelles ?

19 — Les poules en deuil

Un jour, le Hodja prend ses poules l'une après l'autre, leur passe, à chacune, le cou au travers d'un pechtemal (linge bleu, presque noir, de ceux qui, dans le pays, s'emploient au bain). Il les laisse ensuite aller en cet équipage. Le peuple s'amasse et lui demande à quel propos il arrange ainsi ses poules :

— Elles portent le deuil de leur mère, répond-il.

20 — Ce qui est différé n'est pas perdu

Un bœuf étant entré dans le champ du Hodja, celui-ci l'aperçoit, prend un bâton et court vers l'animal, qui s'enfuit. La semaine suivante, le Hodja le reconnaît, attelé à la charrette d'un paysan ; il saisit aussitôt un gourdin et en frappe la bête à coups redoublés.

— Hé, l'ami ! s'écrie, à cette vue, le paysan, qu'as-tu donc contre mon bœuf ?

— Laisse-moi faire, imbécile, réplique le Hodja, il connaît sa faute.

21 — L'ablution rendue

Le Hodja faisait un jour ses ablutions au bord d'un fleuve. Une de ses babouches tombe à l'eau. Le Hodja regarde et voit sa chaussure entraînée par le courant. Il tourne alors le dos au fleuve et dit, en lâchant un vent, c'est-à-dire en se remettant en état d'impureté légale :

— Reprends ton ablution et rends-moi ma babouche.

22 — Avantage d'un vieux tombeau

Certain jour que le Hodja faisait ses recommandations testamentaires :

— Quand je serai mort, qu'on me place dans un vieux tombeau.

— Pourquoi cela ? dirent les assistants.

— Parce que, quand les anges[4] viendront me questionner, je leur répondrai : j'ai déjà été interrogé ; ne voyez-vous donc pas combien mon tombeau lui-même est vieux ?

23 — Une longue station

Le Hodja sent un jour le besoin de lâcher de l'eau ; il entre dans l'endroit ordinaire et y reste un jour et une nuit. Une petite fontaine, placée dans une pièce voisine, coulait sans interruption et le bruit quelle faisait lui laissait supposer qu'il n'avait point achevé de satisfaire son besoin. Quelqu'un survient

---

4   Voir note 4, en fin de volume

et lui crie:
— Hé, l'ami! tu restes bien longtemps ?
— Il faut bien que j'achève, réplique le Hodja, avant de me retirer.

24 — Le cheval excusé

Un jour le Hodja voulait monter sur un cheval, mais celui-ci fit si bien qu'il ne put y parvenir.
— Maudit soit l'animal ! s'écrie-t-il alors.
Il regarde ensuite derrière lui, s'aperçoit qu'il est seul et fait cette réflexion : "avouons que, parmi nous, il se trouve de plus mauvaises gens que lui".

25 — Une chute évitée

Certain jour, le Hodja fut au bain ; pendant que le garçon le frottait de côté et d'autre, il lui saisit fortement les bourses.
— Que fais-tu donc, s'écrie celui-ci ?
— Je te tenais, reprend le Hodja, pour t'empêcher de tomber.

26 — Les poules et le coq

Le Hodja devait un jour conduire au bain les enfants d'*Ak-Chéhir*[5].

Chacun d'eux se met à cacher un œuf sous son aisselle ; ils s'en vont ainsi tous ensemble, se déshabillent et s'asseyent sur le banc de pierre rond

---
5   Voir note 5, en fin de volume.

place au milieu de la salle.

— Venez tous, dirent-ils, celui qui ne pondra pas un œuf payera la dépense du bain.

La convention faite, chacun crie et se démène comme s'il pondait, puis place son œuf sur le banc. Aussitôt le Hodja, qui les a vus, agite ses bras et chante comme l'eût fait un coq.

— Que faites-vous, maître ? dirent les enfants.

— Pour tant de poules, dit-il, ne faut-il point un coq ?

27 — Parenté singulière

Un jour, le Hodja s'habille de noir et sort. Le peuple le remarque et lui demande à quel propos il est ainsi vêtu.

— Je porte, dit-il, le deuil de feu le père de mon fils.

28 — La fontaine réprimandée

Un jour, le Hodja, après une longue marche, eut soif. Il regarde de côté et d'autre et aperçoit une fontaine dont l'orifice était fermé d'un bâton. Le Hodja, désireux de boire, le tire ; à peine l'a-t-il ôté que l'eau s'échappe avec violence et inonde sa tête. Il se fâche et s'écrie :

— Voilà comme tu coules, c'est pour cela qu'on te fourre un bâton dans le derrière.

29 — Faute de grives on mange des merles

Le Hodja prend un jour avec lui quelques pastèques et s'en va couper du bois dans la montagne. La soif le prend, il coupe l'une des pastèques, la trouve fade et la jette ; il en coupe une autre et en fait de même ; en un mot, il les coupe toutes, mange à peine de quelques-unes et pisse sur les morceaux qui restaient. Il continue à couper du bois et, peu après, se sent altéré de nouveau. Il prend alors les têtes des pastèques coupées, puis chacun des morceaux et en disant : « celui-ci est mouillé, celui-là est propre », il finit par les manger tous.

30 — Deux voyageurs en route

Un jour que le Hodja allait à la ville, il rencontre tout à coup deux hommes et leur demande :
— Où allez-vous ?
— Nous ne sommes encore, dirent-ils, qu'au commencement de notre queue.
— Espérons, fit le Hodja, que vous en atteindrez le bout ce soir.

31 — Les approches du jugement dernier

Le Hodja possédait un agneau qu'il avait nourri avec soin. Un jour, ses amis, s'étant réunis, prennent la bête et se préparent à la manger. Un d'eux aperçoit alors le Hodja et lui dit :
— C'est demain la fin du monde, que feras-tu de

ton agneau ? Donne-nous-le, que nous le mangions.

Le Hodja refusait d'ajouter foi à ce discours quand un second compère arrive et lui tient le même langage. Le Hodja feint alors de les croire, tue l'agneau, ôte ses habits de dessus, allume du feu en plein air et met l'animal à la broche. Peu après, ses compagnons se dépouillent également, confient leurs vêtements au Hodja et se mettent à jouer. Le Hodja jette toutes les hardes au feu ; ils les voient toutes réduites en cendres et s'enquièrent de lui pourquoi il a fait ce dégât.

— À quoi bon conserver vos habits, fit le Hodja, puisque c'est demain la fin du monde ?

32 — Déménagement inattendu

Certain voleur pénètre un jour dans la maison du Hodja, ramasse tout ce qui lui tombe sous la main, le charge sur son dos et part. À peine s'est-il éloigné que le Hodja recueille ce qui reste, s'en charge à son tour et suit les traces du larron jusqu'a la porte de celui-ci.

— Que me veux-tu ? lui dit alors le voleur.

— Comment, fit le Hodja, n'est-ce donc point ici que nous emménageons ?

33 — Les pédants confondus

Un jour plusieurs effendis (lettrés) viennent chez le Hodja et lui reprochent de passer sa vie à lire et à écrire sans avoir appris le persan.

— Pourquoi, fit-il, ne le connaîtrais-je pas, si vous le savez, et il leur récite deux vers turcs hérissés de mots persans et dont voici le sens :

« À ceux qui prétendent qu'il ne sait pas le persan le Hodja dit ces vers :
« J'estime que les cyprès ne me conviendront qu'après ma mort.
« Neuf ânes s'étaient préparés : j'ai battu les uns et renvoyé les autres aux champs. »

— Par Dieu, s'écrièrent à ces mots les visiteurs, il ne faut pas lui en demander davantage !
Ils s'en retournèrent lestement.

34 — Restitution opérée par Dieu

On avait, un jour, volé quelque argent au Hodja.
— Seigneur, s'écrie celui-ci, qu'avais-tu à faire de mon argent ?
Tout en criant, il s'en va à la mosquée et y reste à pleurer jusqu'au matin. Par aventure un bateau souffrait alors, en mer, d'une forte tempête. Ceux qui le montaient firent vœu, s'ils en échappaient, de faire une offrande au Hodja. La Providence voulut que le bateau arrivât en lieu de sûreté ; l'argent promis fut remis au Hodja.
— Merci, grand Dieu ! s'écria celui-ci ; pour une seule nuit que j'ai passée à pleurer dans la mosquée, tu m'as renvoyé mon argent !

35 — Le chaudron qui accouche

Le Hodja emprunte un jour, de son voisin, un grand chaudron. Après s'en être servi il le reporte en y joignant une petite casserole.

— Pourquoi, dit le voisin, cette casserole se trouve-t-elle avec mon chaudron ?

— Le chaudron, réplique le Hodja, a fait un petit.

Cela dit, le voisin prend le tout. Quelque temps après cette aventure le Hodja va de nouveau emprunter le chaudron. Le voisin, après avoir attendu vainement une restitution pendant cinq jours, va frapper a la porte du Hodja. Celui-ci vient ouvrir :

— Que me veux-tu ? dit-il.

— Je veux mon chaudron.

— Tu te portes bien, mais, hélas ! ton chaudron est mort.

— Bah ! un chaudron peut-il mourir ?

— Certainement, et pourquoi ne le voudrais-tu pas croire, puisque tu as bien cru qu'il avait fait un petit ?

36 — Le juge justifie celui qu'il craint

Un jour que le Hodja se promenait dans un cimetière, il vit un chien énorme faire des ordures sur la pierre d'une tombe. Le Hodja se fâche et veut le frapper d'un gros bâton qu'il tenait a la main, mais alors l'animal menace de se jeter sur lui ; voyant qu'il allait lui arriver mal, le Hodja crie aussitôt au chien :

— Fais mon ami, fais. (Critique à l'adresse des cheicks-ul-islam, qui rendent parfois des fatwas conformes aux désirs, même les plus étranges, des sultans.)

37 — La cigogne transformée

Le Hodja attrape un jour une cigogne, l'apporte chez lui, prend un couteau, lui coupe son long bec et ses longues pattes et la place dans un lieu élevé.

— Voilà, dit-il, tu ressembles maintenant aux autres oiseaux.

38 — Danger d'incendie

Un jour le Hodja avale de la soupe brûlante ; il pousse un cri et sort tout agité dans la rue en disant :

— Faites place, camarades, j'ai le feu dans le corps.

39 — Point d'honoraires point de conseils

Un mollah (prêtre) avait parcouru l'Arabie, la Perse, l'Inde et toutes les contrées, sans pouvoir obtenir de réponse à certaine question. Le Hodja lui fut indiqué. Il partit aussitôt pour Ak-Chehir et, en chemin, dépense un aspre à acheter des grenades qu'il met dans son sein. En arrivant aux champs les plus voisins d'Ak-Chehir, il aperçoit un homme occupé à labourer une pièce de terre, chaussé de guêtres, vêtu de feutre, mais qui avait cependant l'apparence d'une personne instruite; c'était le Hodja. Il le joint et le salue.

— Le salut soit sur vous, Mollah-effendi, répond le Hodja, qu'y a-t-il de nouveau ?

— Je viens te poser des questions, pourras-tu m'y répondre ?

— Certainement, mais quelqu'un a dit : sans argent ta mère n'aurait rien accordé à ton père, pourquoi te satisferais-je ?

Le mollah sort les grenades qu'il avait dans son sein et les offre au Hodja. Celui-ci se met alors à répondre aux demandes du mollah, tout en mangeant les grenades l'une après l'autre. Il les finissait quand le mollah lui dit :

— Il reste encore une question.

— Tu te trompes, mon ami, reste-t-il de la grenade ?

— Oh ! fit le mollah, tu me parais un laboureur à la grecque (un artisan de fourberies), il ne manque pas de pareils savants.

Et il partit.

40 — La soupe aux canards

Le Hodja vit un jour de nombreux canards qui se jouaient a la source d'un ruisseau. Il s'élance vers eux dans l'intention d'en prendre, mais ils s'enfuient

; il s'assied alors auprès de la source et y trempe du pain qu'il avait apporté avec lui. Pendant qu'il mangeait son pain mouillé un passant survint.

— Quel repas fais-tu là ? lui dit-il.

— Je mange, réplique le Hodja, de la soupe aux canards.

41 — Prendre est facile, s'échapper l'est moins

Le Hodja emportait un jour du foie chez lui ; un milan fond alors sur le foie du haut des airs et l'enlève. Le Hodja se retourne et s'aperçoit qu'il n'a plus rien. Il monte aussitôt sur une hauteur, voit un homme qui tenait un foie à la main, le lui prend et va se placer au plus haut d'un roc.

— Pourquoi me dépouilles-tu ainsi, Hodja ? s'écrie l'homme.

— J'essayais, répond le Hodja, la façon dont je m'y prendrais si j'étais un milan.

42 — L'emprunteur éconduit

Quelqu'un vint emprunter le cordeau du Hodja. Celui-ci entre d'abord chez lui et sort ensuite en disant qu'on a mis de la farine à sécher sur ses cordes.

— Étend-on de la farine sur des cordes ? reprend l'autre.

— Moins on désire les prêter, dit le Hodja, plus il y a de farine à sécher dessus.

43 — Rencontre fortuite

Quelqu'un marchait un jour auprès du Hodja. Ils se regardent mutuellement et s'écartent aussitôt l'un de l'autre, d'un même mouvement.

— M'est-il permis, fit le Hodja, de vous demander qui vous êtes ? je ne vous connais point.

— Alors comment, reprend le passant, as-tu été surpris de me rencontrer ?

— J'ai vu, réplique le Hodja, que ton turban et le mien étaient semblables, que ton manteau et le mien étaient pareils, je t'ai pris pour moi-même.

44 — Nouvelles d'un malade

Quelqu'un de chez le Hodja était malade ; on vint lui en demander des nouvelles.

— Il allait bien ce matin, dit-il, mais maintenant il est mort.

45 — Un coq peu perspicace

Le Hodja remplit un jour une cage de poules ; elles s'y trouvaient serrées et souffraient dans leur prison pendant qu'il les portait.

— Je les lâcherai, pense-t-il, et, sans plus tarder, il les met en liberté. Chacune d'elles s'enfuit de son côté. Le Hodja, un bâton à la main, fait alors marcher le coq devant lui.

— Comment, lui disait-il, tu sais, au milieu de la

nuit, que le matin approche et tu ne connais pas ta route par un temps clair et en plein midi !

46 — Le revenant

Un jour que le Hodja se promenait dans un cimetière, près d'une route, il tombe dans un vieux tombeau et s'y cache entièrement en se disant : « Je vais voir si le bon et le mauvais ange vont venir. »

Pendant qu'il attendait, il entend un tintement de sonnettes qui s'approchaient. Il pense que le jour de la Résurrection et du jugement dernier est arrivé et sort de son mausolée. Il s'aperçoit alors qu'une caravane passait, à sa vue les mulets s'entremêlent et courent chacun de son côté. Les muletiers s'approchent alors du Hodja, armés chacun de son bâton, et lui demandent qui il est :

— Je suis un mort.
— Alors que fais-tu là ?
— Je fais un tour de promenade.
— Nous allons t'en faire faire un excellent.

À ces mots ils se jettent sur le Hodja et l'accablent de coups ; il a bientôt la tête fendue et les yeux pochés. Quand sa femme le vit revenir ainsi arrangé elle lui demande d'où il vient.

— De chez les morts ; je sors d'un tombeau.
— Comment cela se passe-t-il dans l'autre monde ?
— Ho ! ma femme, prends-y garde à une chose, c'est de ne point effrayer les mulets des âniers.

47 — Les Kurdes trop bien linguistes

On avait envoyé une fois le Hodja en ambassade chez les Kurdes. Dès son arrivée ils l'invitent a un festin ; celui-ci revêt sa pelisse et s'y rend, mais en partant il laisse échapper un vent.

— C'est honteux, mollah-effendi, lui dirent-ils, de péter ainsi.

— Eh ! s'écrie-t-il alors, comment aurais-je deviné que les Kurdes sussent parler de telles choses en turc ?

48 — Chasse au loup

Un jour le Hodja s'en va à la chasse au loup avec son *amad* (élève et secrétaire). Celui-ci avait déjà pénétré dans le repaire de la bête quand elle survint inopinément. Le Hodja profite du moment ou elle entrait dans son trou pour la saisir par la queue. Le loup se met à gratter la terre pour s'échapper, la poussière, ainsi soulevée, arrive dans les yeux de l'amad.

— Hodja ! s'écrie celui-ci, quelle est donc cette poussière ?

— Si la queue du loup cassait tu en verrais bien une autre.

49 — Bon avis donné par un mort

Le Hodja monte un jour sur un arbre, s'assied sur une branche et commence à la couper. Un passant l'aperçoit d'en bas et lui crie :

— Hé ! l'ami, sais-tu bien que tu tomberas en même temps que la branche que tu vas séparer de l'arbre ?

Il ne répond rien, mais, étant tombé avec la branche, il se met à courir après l'officieux qui s'éloignait.

— Hé, l'ami, lui crie-t-il, puisque tu as prévu quand ma chute aurait lieu, sans doute tu dois aussi pouvoir me dire quand je mourrai ?

Ce disant il l'avait saisi entre ses bras. Celui-ci, pour se débarrasser de lui, répond :

— Si, pendant que ton âne braira en montant une côte, il lâche un vent, la moitié de ton âme s'échappera, s'il en lâche un second, ton âme tout entière s'éloignera de toi.

Le Hodja continue son chemin et, au second avertissement, il se jette à terre en disant :

— Je suis mort.

Des gens s'assemblent autour de lui, apportent un cercueil, l'y placent et se préparent à le porter chez lui. En route ils rencontrent un cloaque fangeux et se trouvent fort empêchés de poursuivre leur chemin. Le Hodja soulève alors sa tête hors du cercueil.

— Quand j'étais vivant, dit-il, je passais de ce côté.

50 — Découverte d'antiquités

Un jour que le Hodja pensait à bâtir une écurie souterraine, comme les Grecs en faisaient autrefois, il fut se promener et vit, dans la cave d'un de ses voisins, une vache et nombre de bœufs. Il se réjouit à cette vue, retourne chez lui et dit à sa femme.

— Que me donneras-tu pour cette bonne nouvelle ? J'ai fait la trouvaille d'une écurie pleine de bœufs, restée abandonnée depuis le temps des infidèles.

51 — Ce qui nuit à l'un profite à l'autre

Le Hodja avait deux filles : elles vinrent le voir ensemble.

— De quoi vivez-vous ? leur demanda-t-il.

— Mon mari est cultivateur, dit l'une, il a beaucoup semé de blé et, s'il pleut, il aura de quoi m'habiller.

— Mon mari, dit l'autre, est potier, il a fait beaucoup de vases, s'il ne tombe point d'eau, il aura de quoi m'acheter des habits.

— L'une de vous deux verra certainement, dit le Hodja, ses souhaits s'accomplir, mais j'ignore laquelle.

52 — Plaisante remarque sur la lune du Baïram

Un jour le Hodja arrive à *Sivri-Hissar*[6] , c'était à la fin du Ramadan, et on attendait que la lune parût pour préciser le commencement du Baïram . Il voit une foule de gens rassemblés qui regardaient la

---

6   Voir note 6, en fin de volume.

lune.

— Qu'a-t-elle donc de si curieux ? dit le Hodja ; elle est, dans notre ville, grande comme la roue d'un char et personne n'y fait attention, et ici, où elle est aussi mince qu'un cure-dent, tout le monde s'assemble pour la regarder !

53 — Par le sabre on juge du fourreau

Le Hodja arrive un jour dans une ville et aperçoit de grosses conduites d'eau.
— Qu'est ceci, demande-t-il a un passant ?
— C'est avec cela, répond-il, que nous autres gens de la ville épanchons l'eau.
— On juge par là, réplique le Hodja, de la manière dont vos femmes doivent être faites.

54 — Un juif adroitement dépouillé

Un jour le Hodja se promenait dans Ak-Chehir.
— Seigneur Dieu ! s'écrie-t-il, donne-moi mille pièces d'or, je n'en recevrai pas une de moins !

Un juif était auprès de lui pendant qu'il faisait cette prière. Pour savoir ce qui en adviendrait, il met, dans une bourse, neuf cent quatre-vingt-dix-neuf pièces d'or et la jette dans le trou de la cheminée du Hodja. Celui-ci aperçoit un sac par terre.
— Seigneur, s'écrie-t-il, tu as exaucé ma prière !

Il ouvre la bourse, compte les pièces et trouve qu'il en manquait une. "Celui qui m'a donné celles-ci me donnera bien aussi la dernière, aussi je les accepte", dit-il.

À ces mots le juif s'émeut et court frapper à la porte du Hodja.

— Bonjour, seigneur Hodja ; donne-moi, s'il te plaît, ces pièces qui sont à moi.

— Es-tu devenu fou, marchand ! J'ai adressé une prière au Dieu qui ne trompe jamais (son nom soit glorifié), celui-ci l'a exaucée, comment ces pièces peuvent-elles t'appartenir ?

— Sur mon âme, que tout cela ne soit qu'une plaisanterie, aussi vrai que je t'en ai fait une.

— J'ignore de quelle plaisanterie tu veux parler.

— Je te l'ai faite parce que je t'ai entendu dire que tu n'en prendrais pas une de moins.

— Mais j'ai dit aussi que je les acceptais.

— Allons alors au tribunal.

— Quant à moi je n'irai pas à pied.

À ces mots le juif lui amène un mulet.

— Il me faut aussi une pelisse sur le dos.

Le juif lui prête également une pelisse. Ils s'en vont alors au tribunal du cadi. Celui-ci leur demande ce qui les amène.

— Cet homme, dit le juif, a pris mon argent et refuse de me le rendre.

— Qu'as-tu à répondre à cela ? dit le cadi au Hodja.

— Monseigneur, j'ai demandé mille pièces d'or au Dieu éternellement véridique (son nom soit glorifié), il m'a exaucé, mais, en comptant les pièces, j'en ai trouvé une de moins ; malgré cela je n'ai pas laissé de les accepter, monseigneur. Maintenant ce juif, non seulement me les réclame comme son bien, mais encore la pelisse que j'ai sur le dos et la mule sur laquelle je suis venu.

— Elles sont bien à moi, monseigneur, réplique aussitôt le juif.

— Va-t'en au diable, juif, s'écrie le cadi et, sans plus tarder, on le chasse hors de l'audience a coups de bâton.

Quant au Hodja il s'en fut tranquillement chez lui avec le mulet et la pelisse.

55 — C'est aux épaulettes qu'on présente les armes

Un jour le Hodja assistait à un repas de noces, ses habits étaient vieux, l'assistance y prend garde et ne lui témoigne aucune considération. Le Hodja s'en aperçoit, quitte aussitôt sa place et court chez lui mettre sa pelisse. Il revient et, à peine arrivé à la porte, on l'invite à entrer.

— Mettez-vous, s'il vous plaît, seigneur Hodja, au haut bout de la table, lui dit-on en l'accablant de respects et de politesses.

On le voit alors saisir les manches de sa pelisse et s'écrier :

— Donnez, s'il vous plaît, à dîner à mon habit.

Les convives le regardent et lui demandent de s'expliquer.

— Mon habit a, dit-il, les honneurs du festin, pourquoi n'en aurait-il pas aussi le bénéfice ?

56 — Fête précède disette

Un jour le Hodja, à son entrée dans certaine ville, voit tout le peuple occupé à boire et à manger. On l'aperçoit, on lui fait politesse, et on lui apporte de la nourriture. L'année était stérile et le Hodja, tout en mangeant et en buvant, se demandait comment les vivres étaient si abondants en cet endroit. Il en fit la question.

— Es-tu fou ? lui répondit-on, c'est aujourd'hui le Baïram, aussi voit-on chacun, selon ses moyens, apporter quelque chose chez lui et le faire cuire ; l'abondance ne règne que pour un moment.

— Plût à Dieu, s'écrie alors le Hodja, que ce soit tous les jours le Baïram !

57 — Ce qui est louange pour l'un est blâme pour l'autre

Un jour le Hodja mène une vache au marché, mais, il avait beau la promener de tous côtés, il ne la vendait pas. Quelqu'un passe auprès de lui et lui dit :

— Pourquoi tiens-tu cette vache ainsi à la main sans la vendre ?

— Je la fais voir depuis ce matin et quelques louanges que j'en aie faites, je n'ai pu la vendre.

Aussitôt l'homme prend la vache de la main du Hodja et se met à la promener en criant :

— Voici une jeune femelle, une femelle enceinte de six mois !

Immédiatement des chalands s'approchent et l'achètent une bonne somme. Le Hodja prend le prix de sa bête et retourne chez lui, aussi troublé que s'il se fût enivré. Cependant des dames étaient venues voir une fille qu'il avait à marier. Sa femme le lui dit et ajoute :

— Tu as l'esprit peu ouvert, mon mari, tiens-toi à l'écart. Quant à moi, je vais recevoir nos visiteuses, je leur ferai toutes les louanges que je pourrai de notre fille et peut-être leur conviendra-t-il de la prendre.

— Prends garde, ma femme, à ce que tu dis ; maintenant j'ai appris un nouvel artifice, je vais y aller ; observe la manière dont je vais m'y prendre pour réussir auprès d'elles.

À ces mots il rejoint les dames.

— Que viens-tu faire ici ? s'écrient-elles, va-t'en chercher la mère de la demoiselle.

— La mère est si occupée à la faire travailler qu'elle ne fait guère attention aux qualités de sa fille ; dans notre famille nous sommes des hommes observateurs et distinguons les talents de chacun, aussi je suis prêt à vous renseigner de tous points.

— Détaille-nous un peu ses qualités, dirent les dames, que nous soyons fixées ?

— Elle est demoiselle, dit le Hodja, enceinte de six mois ; s'il n'en est pas ainsi ramenez-la-moi.

À ces mots les dames se regardent l'une l'autre et s'en vont.

— Pourquoi parler de cette façon aux visiteuses ? lui dit alors sa femme, tu leur as fait prendre la fuite.

— Ne crains rien, répond celui-ci, elles auront beau parcourir toute la province, il ne leur sera pas possible de trouver une pareille fille, aussi reviendront-elles ; personne n'aurait acheté ma vache si je ne l'avais fait valoir de la même façon.

58 — Confidence opportune

Le Hodja tournait son turban et ne pouvait en rejoindre les bouts ; il le fait et le refait en vain à plusieurs reprises. Impatienté, il s'en va le mettre à l'enchère. Quelqu'un survient et se dispose à faire emplette de l'objet. Le Hodja s'approche de lui :
— Mon ami, lui dit-il secrètement, garde-toi bien de l'acheter, on ne peut en joindre les bouts.

59 — Réponse a un empressé

Un fils naquit un jour au Hodja ; quelqu'un vint lui apporter cette bonne nouvelle.
— S'il m'est né un fils, dit le Hodja, j'en dois certainement avoir de l'obligation à Dieu, mais dois-je donc aussi t'en être reconnaissant ?

60 — Avis judicieux donnés par un âne

Quelqu'un vint un jour emprunter l'âne du Hodja.
— Attends, fit celui-ci, que je consulte la bête là-dessus ; si elle consent, c'est chose faite.
Il entre chez lui, y reste un moment et sort en disant :

— L'âne refuse et dit que si je le prête, on le frappera sur les oreilles et que, de plus, on se moquera de moi.

61 — Le bât et le manteau

Un jour, le Hodja monte sur son âne et s'en va à la promenade ; en s'éloignant pour un léger besoin, il ôte son manteau et le place sur le bât de l'âne. Un voleur survient alors, prend le manteau et s'enfuit.

À son retour, le Hodja s'aperçoit de la disparition de son vêtement ; aussitôt il place le bât sur son dos, lance un coup de fouet à l'âne et dit :

— Rends-moi mon manteau, je te rendrai ton bât.

62 — Confusion opportune

Un jour, il s'en va de nouveau se promener sur son âne. Avant d'aller, derechef, satisfaire un léger besoin, il ôte son manteau et le met sur son âne. Un homme, qui les observait, s'empare aussitôt du manteau. L'âne se met à braire dans le moment :

— Pourquoi crier et braire ? s'écrie alors le Hodja, cela ne sert plus à rien.

À ces mots, le voleur, pensant que le Hodja l'avait vu, s'empresse, pendant que celui-ci était encore éloigné, de remettre le manteau à sa place.

63 — L'âne-juge

Le Hodja s'informait un jour de son âne qu'il

avait perdu.

— Je l'ai vu, dit quelqu'un, cadi (juge), dans tel endroit.

— Cela ne m'étonne point, dit le Hodja, car, pendant que je donnais mes leçons, cet âne tournait sans cesse les oreilles du côté où il m'entendait parler.

64 — Bon effet de l'ammoniac

Un jour, le Hodja va couper du bois dans la montagne ; il en charge son âne et s'en retourne, mais celui-ci ne le pouvait suivre. Un passant survient et frotte les oreilles d'un âne avec un peu d'ammoniac. Le Hodja prend également de l'ammoniac et en fait de même envers son baudet. Celui-ci marche alors de telle façon que le Hodja n'arrivait point à le joindre.

— Ce que je vois là est vraiment étonnant, s'écrie-t-il.

Sans plus tarder, il se frotte le derrière avec l'ammoniac et sent alors une telle cuisson qu'il arrive chez lui avant l'âne. Une fois entré, il ne peut s'arrêter et se met à tourner en cercle devant sa femme étonnée.

— Si tu veux m'attraper, dit-il à celle-ci, tu n'as qu'à te mettre un peu d'ammoniac.

65 — Respect dû à la parole d'un vieillard

Un jour, quelqu'un vient trouver le Hodja et lui

demande à emprunter son âne.

— Il n'est pas à la maison, répond-il.

Ces paroles n'étaient point achevées qu'on entend l'âne braire à l'intérieur.

— O seigneur ! s'écrie l'emprunteur, l'âne n'est pas à la maison, dis-tu, et le voilà qui brait chez toi.

— Comment ! répond le Hodja, tu t'en rapportes à l'âne et refuses de me croire, moi qui suis un vieillard à barbe blanche ! Quel homme singulier tu fais.

66 — Quand le chat dort les souris dansent

Le Hodja dit un jour à sa femme :

— À quoi reconnais-tu qu'un homme est mort ?

— À ce que ses pieds et ses mains se sont refroidis, réplique la dame. Quelques jours après, le Hodja s'en fut au bois ; tout en marchant, il sent froid aux pieds et aux mains.

— Je suis mort, s'écrie-t-il en se couchant au pied d'un arbre.

Des loups surviennent et commencent à dévorer son âne.

— Quelle bonne occasion pour vous, s'écrie le Hodja étendu par terre, que le maître de l'âne soit mort.

67 — Malheur consommé, malheur oublié

Certain jour, un loup se met à dévorer l'âne du Hodja pendant que celui-ci coupait du bois dans la montagne; il n'aperçut le loup qu'au moment où il enlevait sa proie. Quelqu'un lui crie alors de prendre garde à ce qui se passait.

— Qu'as-tu à crier maintenant ? réplique le Hodja, le loup a mangé ce qu'il a voulu ; il n'y a pas de peine à se donner en haut de la montée.

68 — La queue dans le sac

Un jour, le Hodja menait vendre son âne ; la queue de l'animal s'était salie de boue pendant le chemin. Il la coupe sans plus tarder et la met dans son sac. Pendant qu'il offrait l'âne à l'enchère, quelqu'un survient et dit :

— Vois donc, ton âne est sans queue, on la lui a coupée.

— Conclus toujours le marché, dit le Hodja, la queue n'est pas loin.

69 — Les grenouilles récompensées

Un jour, le Hodja revenait d'une longue course, son âne se trouvait fort altéré. L'animal aperçoit une flaque d'eau assez proche, mais dont les bords étaient fort escarpés. À la vue de l'eau, l'âne n'hésite point et prend sa course vers la mare ; il était sur le point de se précipiter en bas quand les grenouilles qui habitaient le marécage se mirent à coasser. L'âne, effrayé, se rejette en arrière. Le Hodja accourt, le saisit et s'écrie :

— Merci, oiseaux du marais; voici de quoi acheter du gâteau, et, ce disant, il jette dans l'eau une pièce de trois paras (environ deux liards).

70 — Leçon de cosmographie

Une fois, du temps du Hodja, surgirent trois moines instruits dans toutes les sciences. Ils voyageaient de côté et d'autre de par le monde et atteignirent ainsi les États de sultan *Ala-Eddin*[7]. Celui-ci les invita à se faire musulmans.

— Nous accepterons, dirent-ils, si vous nous faites donner réponse à toutes les questions que chacun de nous posera. Ils en tombèrent d'accord et le sultan réunit aussitôt tous ses savants et ses théologiens. Ceux-ci ne purent répondre à aucune question.

— Comment, se disait le sultan dépité, parmi tant de personnages doctes et instruits, il ne s'en trouvera donc pas un seul pour donner la réplique à ces gens-là.

Il était dans cet état d'esprit quand un des assistants s'écria :

— Personne autre que le Hodja ne pourra donner la solution de ces problèmes !

Aussitôt le monarque ordonne d'aller quérir le Hodja. À peine l'ordre du prince lui est-il communiqué qu'il se hâte de venir se présenter devant Sa Majesté. Après avoir reçu son salut, le

---

7 Voir notes 2 et 7, en fin de volume.

sultan lui fait prendre place.

— Pourrais-je, dit le Hodja, connaître le motif pour lequel le padischah a désiré ma présence ?

Le sultan le mit au fait.

— Quelles sont donc vos questions? dit le Hodja aux moines.

— Dans quel endroit, dit l'un d'eux en s'avançant, se trouve le milieu de la terre ?

Le Hodja descend de son âne un bâton à la main et désigne un endroit entre les pieds de devant de l'animal :

— Voilà, dit-il, le milieu de la terre; il se trouve entre les jambes de mon âne.

— C'est toi qui le dis, réplique le moine.

— Si tu ne me crois pas, mesure ; tu verras si tu trouves du plus ou du moins pour rectifier mon dire.

Un autre s'avance et dit :

— Combien y a-t-il d'étoiles au ciel ?

— Autant qu'il y a de poils sur mon âne.

— Comment peux-tu me répondre là-dessus si tu n'as pas fait le compte et vérifié - s'il y avait, ou non, une différence ?

— Et toi, moine, as-tu donc compté combien il y a de poils sur lui et combien il y a d'étoiles au ciel ?

— Si tu me réponds à une autre question, dit le même moine, nous pourrons voir si ta somme est juste. Combien y a-t-il de poils dans ma barbe ?

— Autant qu'a la queue de mon âne.

— Quelle preuve en as-tu ?

— Oh ! mon cher, si tu ne me crois pas, compte.

Le moine ne se déclarait pas satisfait.

— Si tu n'es pas content, poursuit le Hodja, viens ; nous allons arracher les poils de ta barbe et ceux de la queue de mon âne, nous verrons facilement quel sera le résultat.

— Qu'il n'en soit point ainsi, dit le moine.

Ils s'humilièrent alors devant Dieu, devinrent tous musulmans et se lièrent avec le Hodja.

71 — Avantages d'un bon avis

Un jour, le Hodja place trois prunes sur un grand plateau de bois et les porte en cadeau au bey. En chemin, les prunes couraient les unes après les autres.

— Ne jouez pas comme cela, s'écrie le Hodja, ou je vous mange. Les prunes continuaient leur danse ; alors le Hodja en mange deux, porte celle qui restait sur le plateau chez le bey et la lui offre.

Celui-ci se réjouit fort du pressent et donne une poignée d'aspres au Hodja. Quelque temps après, ce dernier prend des betteraves pour en faire un nouveau cadeau au bey. En chemin, quelqu'un l'accoste :

— À qui portes-tu ceci ?

— Au bey.

— Si tu lui portais des figues cela lui serait, certes, plus agréable.

Le Hodja revient chez lui, prend des figues et les porte chez le bey. Celui-ci se trouvait justement fort occupé, aussi jeta-t-il les figues à la tête du Hodja. Ce dernier se mit à adresser un remerciement au bey, à chaque figue qui lui tombait sur la figure.

— Pourquoi, fit le bey, me remercies-tu ainsi ?

— J'avais eu dessein de t'apporter des raves, en route quelqu'un m'a donné un bon avis, dont je remercie Dieu, car si j'avais suivi ma première idée, j'aurais maintenant la tête fendue.

72 — Moyen de préserver ses vêtements de la pluie

Une autre fois, le Hodja s'en va de nouveau chez le bey. Comme celui-ci partait pour la chasse il emmène avec lui le Hodja et le fait monter sur une rosse. Une averse vient à tomber ; chacun s'enfuit au galop de son cheval. Quant au Hodja, il ne put faire avancer sa bête et dut rester là.

Sans plus tarder il ôte ses habits, les met à l'abri sous le ventre de l'animal et reste dessus. La pluie finie il s'habille et arrive auprès du bey. Celui-ci s'étonne fort de ne point le voir trempé.

— Ce cheval est fort vigoureux, explique le Hodja, il a couru si vite que je n'ai pas eu le temps d'être mouillé.

Sur ce témoignage le bey attache le cheval à la première place de son écurie. Un autre jour, en allant à la chasse, le bey prend ce fameux coureur et donne une autre monture au Hodja. Il vint derechef à pleuvoir ; chacun courut se mettre à couvert et le bey, resté sur sa rosse, fut trempé de la bonne manière. Furieux de la réponse que lui avait faite le Hodja, il l'appelle devant lui le lendemain.

— Me crois-tu ton égal, que tu m'as menti alors que tu avais été mouillé ?

— Pourquoi t'irrites-tu, bey, n'as-tu donc aucune connaissance des usages ? Si, comme moi, tu t'étais dépouillé et étais resté sur la bête, tu aurais pu, la pluie passée, te présenter couvert d'habits secs.

73 — Le bœuf substitué au cheval

Un jour le bey fit inviter le Hodja au jeu de *djerid* — course de javelot à cheval. Précisément le Hodja possédait un bœuf magnifique; il le selle, le monte et arrive ainsi au lieu indiqué pour le djerid.

Chacun se met à rire en le voyant arriver dans cet équipage.

— Hodja, fit le bey, c'est nouveau de monter un bœuf, mais il ne pourra courir !

— Je l'ai vu courir plus vite que n'aurait pu le faire un cheval, réplique le Hodja, et alors il n'était encore qu'un veau.

74 — Repas chez Timour-lenk (Tamerlan)

Timour-lenk avait fait inviter le Hodja à un repas, pour obtenir ses prières. Le Hodja monte sur son âne et prend avec lui son amad {disciple favori}. À peine est-il arrivé que Timour-lenk l'invite à s'asseoir et lui indique un siège. En s'asseyant le Hodja remarque que Timour cachait ses pieds sous un coussin ; il fourre également ses pieds sous un coin du coussin. Timour était indigné, à part lui, de le voir se comporter ainsi en sa présence.

— Quelle différence, s'écrie-t-il enfin, y a-t-il pour la stupidité entre toi et ton âne ?

— Mon padischah, fit le Hodja, ce coussin n'est-il pas là pour que nous nous en servions ?

Timour, encore plus irrité, allait vraisemblablement maltraiter le Hodja, quand on servit. Ils commençaient à peine à manger que Timour éternue sur le Hodja.

— Mon padischah, fit celui-ci, n'avez-vous pas de honte d'en user ainsi ?

— On ne s'en formalise point dans notre pays.

Il parlait encore que le Hodja laisse échapper un vent.

— Et cela, fit Timour, n'est-ce pas honteux ?

— On ne le considère pas ainsi dans notre pays, réplique le Hodja.

Une fois les mets mangés et les sorbets bus, chacun se retire.

En allant à la maison l'amad interroge son maître :

— Pourquoi, effendi, as-tu donc laissé échapper un vent en présence de Timour ?

— Quand le prêtre fait une faute légère (pisse), les fidèles en font une lourde.

75 — Les oies de Timour-lenk

Un jour le Hodja fait cuire une oie et la porte au

sultan, mais, en route, la faim le prend; il arrache une cuisse de l'animal et la mange. Arrivé devant le padischah, il offre son oie. Timour-lenk s'aperçoit de l'affaire et, tout contrarié, se dit en lui-même : "Ce Hodja se moque de moi".

— Qu'est devenue, fit-il, la patte de cet animal ?

— Dans notre pays, réplique le Hodja, les oies n'ont qu'une patte ; si tu ne me crois pas, vois, auprès de cette fontaine, un troupeau d'oies.

Toutes se tenaient sur une patte. Sans plus tarder Timour ordonne à un timbalier de prendre ses baguettes et de battre le tambour. Il frappe la caisse et les oies, effrayées, se mettent sur leurs deux pattes.

— Regarde, dit Timour, et vois-les maintenant avec deux pattes.

— Par la force des baguettes, réplique le Hodja, on pourrait bien te faire aller toi-même sur quatre.

76 — L'oreille mordue

Le Hodja étant devenu cadi (juge), deux individus se présentent un jour devant lui.

— Cet homme, dit l'un, m'a mordu l'oreille.

— Ce n'est pas moi ; c'est lui-même qui se l'est mordue.

— Retirez-vous quelques instants, fit le Hodja, ensuite je vous ferai connaître ma décision.

Ils sortent et, sans plus tarder, le Hodja s'enferme et s'efforce de s'attraper l'oreille et de se la mordre. Ses essais aboutirent à une chute où il se fendit quelque peu la tête. Il s'enveloppe d'une bande et revient. Les deux plaideurs reprennent séance et renouvellent leur dispute.

— Sachez, dit le Hodja, que non seulement un homme peut se mordre l'oreille, mais même qu'il peut, de plus, tomber et se fendre la tête.

77 — Une dispute nocturne

Une nuit le Hodja, couche dans sa maison, entend une dispute devant sa porte.

— Lève-toi, femme, dit-il, et prends la chandelle, que j'aille voir ce que c'est.

— Reste donc, lui dit-elle.

— Sans l'écouter il s'enveloppe de la couverture du lit et sort. Aussitôt l'un des contestants se saisit de la couverture et l'emporte. Le Hodja, tremblant de froid, rentre chez lui.

— Quelle était, fit sa femme, la cause de la contestation ?

— Ils disputaient à propos de la couverture ; l'objet une fois enlevé, la querelle a pris fin.

78 — La peine du talion

Un jour la femme du Hodja lui dit :

— Promène un peu notre fils, que j'aille à mes affaires.

Le Hodja prend l'enfant dans ses bras, mais celui-ci vint bientôt à pisser sur lui. Sans plus tarder, le Hodja en use de même à son égard et l'inonde.

— Pourquoi as-tu agi de la sorte ? lui dit sa femme a son retour.

— Si quelque passant eût pissé sur moi, je l'aurais payé d'une pire monnaie encore.

79 — Danger de tirer sur son propre manteau

Un soir la femme du Hodja lave le caftan de son mari et l'accroche dans le jardin. Le Hodja croit y voir quelqu'un les bras étendus.

— Prends mon arc et mes flèches, dit-il à sa femme, et viens.

La femme arrive et les lui présente. Il prend alors une flèche, perce le caftan de part en part, ferme ensuite sa porte et se couche ; le matin il s'aperçoit qu'il a tiré sur son propre caftan.

— Merci, Seigneur ! s'écrie-t-il alors, de ce que je ne me suis pas trouvé dedans, autrement il y a beau temps que je serais mort.

80 — Leçon de politesse

Certain jour que le Hodja se rendait à son cours accompagné de ses amads (élèves), il lui prit fantaisie de les précéder, monté à l'envers sur son âne.

— Pourquoi, Hodja, lui dirent-ils, montes-tu ainsi à rebours ?

— Si je m'étais placé à l'ordinaire, réplique-t-il, je vous aurais montré mon dos ; si je vous avais fait marcher devant, j'aurais vu le vôtre. Le mieux est d'en user comme je l'ai fait.

81 — Avantage obtenu d'une prière

Une nuit un voleur marchait sur le toit pendant que le Hodja était au lit. Celui-ci s'adresse alors à sa femme et lui dit :

— Un de ces derniers jours, je voulus rentrer dans la maison ; je fis alors une prière, et ayant saisi les rayons de la lune, je descendis aisément.

Le voleur, placé sur le toit, entendait tout. Un moment après il fait sa prière à l'exemple du Hodja, saisit les rayons de la lune et tombe en bas de la cheminée. Le Hodja se lève, prend le voleur au collet et crie à sa femme d'allumer la chandelle.

— Doucement, seigneur, fait le larron, avec les prières que vous savez et le jugement que j'ai, je n'ai garde de vous échapper de longtemps.

82 — Point de plaisir sans peine

Le Hodja possédait un bœuf orné de si belles cornes qu'on aurait pu s'asseoir entre elles. Chaque fois que son maître l'apercevait dans le troupeau, il se disait qu'il s'assiérait volontiers entre ses cornes. Ce
projet arrêté il arriva que l'animal vint se coucher en face de lui. "Saisissons l'occasion", se dit le Hodja.

Il saute alors entre les deux cornes et s'y assied. Le bœuf se lève aussitôt et précipite le Hodja à terre. Celui-ci reprend ses esprits après être resté quelque temps étendu. Sa femme arrive alors tout en pleurs.

— Arrête tes larmes, ma femme, dit-il ; si j'ai beaucoup souffert, du moins j'ai satisfait mon envie.

83 — Bénéfice attendu d'une fâcheuse visite

Un jour un voleur s'introduit dans la maison ; la femme en avertit aussitôt son mari.
— Tais-toi, dit celui-ci, plaise à Dieu qu'il trouve quelque chose, je le lui prendrai des mains.

84 — Un mari docile

Un jour la femme du Hodja lui dit :
— Ne te couche pas si près de moi.
Celui-ci se lève, prend ses babouches et s'en va.
Deux jours après son départ il rencontre un ami et lui dit :
— Va trouver ma femme et demande-lui si je dois encore m'éloigner d'elle ou si c'est assez comme cela.

85 — Inspiration poétique

Il était couche une nuit avec sa femme.
— Holà, ma femme, s'écrie-t-il, lève-toi et allume la chandelle que j'écrive un vers qui m'est venu à l'esprit.
La femme se lève, allume la chandelle et lui donne l'encrier et le *qelam* (roseau a écrire). Après qu'il a écrit son vers, sa femme lui demande de le lui

lire.

— Voilà, dit le Hodja :

Entre une feuille verte et une poule noire s'est placé mon nez rouge. [Critique des poésies ampoulées et sans rime ni raison.)

86 — Demande inopportune

Un jour que le Hodja était malade, des femmes vinrent s'informer de sa santé. L'une d'elles lui dit :

— Nous dépendons tous de Dieu ; si tu venais à mourir, comment devrions-nous te pleurer ?

— Pleurez-moi, dit le Hodja, comme quelqu'un auquel on avait toujours à demander plus qu'il ne pouvait en dire.

87 — Qui a pris cela ? C'est le chat

Chaque fois que le Hodja apportait du foie, sa femme paraissait fort satisfaite ; cependant, quand venait l'heure du souper, on lui présentait un mets de pâte pétrie.

— Ma femme, lui dit-il une fois, je t'apporte tous les jours du foie, que devient-il ?

— Le chat emporte tout, répondit-elle.

Le Hodja sort peu après et enferme sa hache dans une caisse à clef.

— Que crains-tu pour ta hache ? lui dit sa femme.

— Je crains le chat.

— Qu'y a-t-il de commun entre lui et ta hache ?

— S'il se montre avide de deux aspres de foie ne

le sera-t-il point d'une hache de quarante aspres ?

88 — Un testament généreux

Un jour la femme du Hodja voulait aller au bain. Il ne possédait qu'un seul aspre, qu'il avait placé dans une cachette ignorée de sa femme.
— Attends, s'écrie-t-il en cet instant, je ne me sens pas bien, je me meurs ; tiens, fait-il en regardant vers le coin de la porte ou était l'aspre, voilà où est tout mon argent.

89 — Qui demande du savon ne se sent pas propre

Le Hodja et sa femme s'en furent un jour auprès d'une mare laver leur linge. Ils s'apprêtaient à jeter dessus de l'eau et du savon, un corbeau survint dans le moment et enlève le savon. La femme arrive et s'écrie :
— Holà, mon mari, accours ! un corbeau enlève notre savon.
— Tais-toi, femme, ce n'est rien, dit le Hodja, laisse-le donc se laver ; il a encore plus besoin que nous de se blanchir.

90 — L'accord conjugal

Un jour le Hodja et sa femme tombèrent d'accord qu'ils rempliraient le devoir conjugal tous les vendredis. La chose une fois convenue :

— Comment, fit le Hodja, m'en rappellerai-je avec mes occupations ?

— Chaque semaine, réplique la femme, je mettrai ton turban sur la grande armoire, tu verras ainsi que le vendredi est venu !

Certain jour, qui n'était pas un vendredi, la femme se sent prise de désirs ; sans plus tarder, elle met le turban sur l'armoire.

— Mais, s'écrie le Hodja, ce n'est point aujourd'hui vendredi.

— Si fait, répond la femme.

— Eh bien, réplique le Hodja, il faudra alors que, dans cette maison, du vendredi ou de moi, l'un attende l'autre.

91 — Un galant éconduit

Un jour, la femme du Hodja et celle d'un voisin s'en vont à la rivière laver des caleçons. Dans cette même campagne se trouvait aussi l'*ayan* {chef de plusieurs villages) sorti pour se promener.

Il s'avance du côté des femmes et les regarde.

— Que regardes-tu, l'homme ? fit la femme du Hodja.

— La femme de celui qu'on appelle le Hodja, réplique l'ayan.

Le lendemain celui-ci s'en va chez Nasr-Eddin.

— Telle femme est-elle à toi? lui demanda-t-il.

— Elle est à moi.

— Amène-la-moi.

— Qu'en feras-tu ?

— Il vaut mieux lui faire une demande galante qu'à toi.

— Fais-m'en d'abord une, répliqua le Hodja, et je lui en ferai une autre après.

92 — L'enfant précoce

On demandait un jour au fils du Hodja, en lui montrant une aubergine :

— Qu'est ceci ?

— C'est un petit veau qui n'a pas encore ouvert les yeux.

— Voyez, s'écrie le Hodja, il a appris cela tout seul, ce n'est pas moi qui le lui ai enseigné !

93 — Entre amis pas de façons

Une voiture passait un jour, allant à Sivri-Hissar[8] ; le Hodja se disposait aussi à s'y rendre. Il sort alors tout nu de sa maison, court après la voiture, y monte et part avec elle. En s'approchant de Sivri-Hissar, les conducteurs furent annoncer à toute la ville l'arrivée du Hodja. Les habitants viennent à sa rencontre et le voyant tout nu lui en demandent la raison.

— Je vous aime tant, dit-il, que pour vous venir voir j'ai oublié même de me vêtir.

94 — Demi-travail, demi-paye

---

8   Voir note 6, en fin de volume.

Par aventure, le Hodja avait attrapé la teigne. Il se fit raser et donna un aspre au barbier ; la semaine suivante, celui-ci, après l'avoir rasé, lui présente une glace.

— La moitié de ma tête, dit alors le Hodja, est prise de teigne, ne pourrais-tu te contenter d'un aspre pour deux toilettes ?

95 — Dans toute société une dupe.

Un jour, le Hodja s'en va à la pêche avec quelques autres ; ils jettent le filet à la mer; le Hodja se précipite aussitôt dans le filet.

— Que fais-tu là ? Hodja, lui dit-on.

— Je pensais, dit-il, être moi-même le poisson (c'est-à-dire l'individu qu'on a voulu attraper dans cette affaire, le dindon de la farce).

96 — Les plaisantins devinés

Un jour, les gamins du quartier se dirent les uns aux autres :

— Venez, nous allons faire monter le Hodja sur un arbre et nous lui prendrons ses babouches.

Ils s'en vont se placer au pied d'un arbre en criant :

— Qui pourra y monter ?

Le Hodja arrive.

— C'est moi qui y monterai, s'écrie-t-il.

Il relève aussitôt les pans de sa robe dans sa ceinture, place ses babouches dans son sein et se met à grimper.

— Que feras-tu là-haut de tes babouches ? lui crient les enfants.

— Peut-être, réplique-t-il, y a-t-il par là un chemin tout préparé pour elles, aussi je veux les avoir a ma portée.

97 — Cadeau de paysan coûte cher

Certain paysan arrive un jour chez le Hodja et lui fait présent d'un lièvre On le reçoit avec honneur et prévenance et, du lièvre, on fait une soupe. La semaine suivante, le paysan arrive de nouveau.

— Qui es-tu ?

— Je suis l'homme qui vous ai apporté un lièvre.

On l'accueille derechef. Quelque temps après, quelques individus se présentent et demandent l'hospitalité

— Qui êtes-vous ? fit le Hodja.

— Nous sommes les voisins de l'homme qui vous a apporté un lièvre.

Quelques jours se passent et une troupe de gens se présente de même.

— Qui êtes-vous ? demande-t-on au principal d'entre-eux.

— Nous sommes les voisins des voisins de l'homme qui vous a apporté un lièvre.

— Soyez les bienvenus.

Le Hodja place bientôt devant chacun une tasse pleine d'eau claire.

— C'est un niais, se dirent-ils à l'aspect d'un mets

si nouveau.

— Ceci, dit le Hodja, est la sauce de la sauce du lièvre.

98 — Leçon peu prisée

Certain jour, le Hodja, en labourant son champ, trouve une tortue. Il la prend, lui passe une ficelle autour du cou et l'accroche à sa ceinture. La tortue s'agitait et se démenait.

— Calme-toi, dit le Hodja, tu apprendras ainsi à labourer un champ.

99 — Un fiancé peu galant

Un jour, le Hodja se marie ; il adresse des invitations, les voisins arrivent, commencent à manger et oublient d'appeler le Hodja. Celui-ci se fâche.

— N'avez-vous pas bientôt fini ? s'écrie-t-il.

Ils sortent et cherchent le Hodja sans le trouver ; ils se mettent alors sur ses traces et finissent par le découvrir.

— Holà, lui crient-ils, arrive donc, ou t'en vas-tu ainsi ?

— Que celui, répond-il, qui a pris part au banquet entre dans la chambre nuptiale.

100 — Le cavalier brouillon

Un jour, le Hodja s'en fut à la ville avec une

caravane ; tous s'arrêtent en certain endroit et attachent leurs chevaux. Le lendemain matin, le Hodja ne retrouve point son cheval, faute de pouvoir le distinguer parmi les autres. Aussitôt il prend son arc et sa flèche et s'écrie :

— Cavaliers, j'ai perdu mon cheval !

Chacun se met à rire et prend son cheval. Cela fait, le Hodja ne tarde pas à reconnaître le sien, resté seul. D'une main, il saisit l'étrier, y met le pied droit et se trouve en selle, la face tournée du côté de la croupe.

— Holà, Hodja ! lui crie-t-on, pourquoi montes-tu à l'envers ?

— Je ne suis pas monté à rebours, répond-il, puisque je suis du côté où le cheval respire.

101 — La sueur de nègre

Un des élèves du Hodja était nègre[9] ; il se nommait Hammad. Un jour il était tombé de l'encre sur le Hodja.

— Qu'est ceci ? lui demande-t-on.

— Notre Hammad, dit-il, se trouvait en retard pour arriver à la leçon, à force de courir il a eu chaud et sa sueur est tombée sur moi.

102 — Tout nom n'est pas bon à donner

Le Hodja monte un jour en chaire :

---

9   A toutes fins utiles, je rappelle que le texte originel date de 1876 ; ses sources, bien plus tôt dans le temps.

— Musulmans, écoutez, l'avis que je vous donne : faites attention, s'il vous survient des enfants, de ne pas leur donner le nom de Eioup (Job).

— Pourquoi ? lui dit-on.

— Parce que le peuple, en prononçant ce nom, dit Eip (cordes).

-C'est un nom qui sent la corde, dirait-on en français.

103 — L'ablution incomplète

Un jour, au moment de commencer la prière, l'eau manque au Hodja pour compléter ses ablutions. Il se met en oraison une jambe en l'air, à la manière de l'oie.

— Que fais-tu là ? lui dit-on.

— Cette jambe, répondit-il, n'a pas eu d'ablution.

104 — Dans l'obscurité on ne distingue rien

Quelqu'un vint un jour prendre logement chez le Hodja. La nuit arrivée, il se couche et, un moment après, souffle la chandelle.

— La chandelle éteinte est à ta droite, dit le voyageur, passe-la-moi

que je l'allume.

— Es-tu fou? réplique le Hodja. Comment connaîtrais-je ma droite

dans l'obscurité ?

105 — Le chevreau devenu bouc

— Sous quelle constellation es-tu né ? demandait-on un jour au Hodja.
— Sous la constellation du bouc.
— Mais, Hodja, il n'y en a point de ce nom.
— Quand j'étais alors enfant, réplique-t-il, ma mère me fit croire que c'était ma constellation et quelle était alors nouvelle.
— La nouvelle n'est pas celle du bouc, mais bien celle du chevreau.
— Imbéciles ! il y a quarante ou cinquante ans de cela, le chevreau n'est-il point devenu bouc ?

106 — L'oreille d'un ennemi est fermée aux meilleurs avis

Pendant que le Hodja était Hathib (celui qui récite le Houthbe ou prière publique pour le souverain), il eut une dispute avec le *soubachi* (sorte de magistrat municipal dans les petits endroits).

Sur ces entrefaites le sou-bachi mourut. Le moment de l'enterrement venu, on alla trouver le Hodja :
— Viens, effendi, lui dit-on, faire l'instruction.
— Mais, répondit celui-ci, ceux qui se disputent avec moi ne prêtent point attention a mes discours.

En citant cette expression proverbiale, le Hodja fait allusion aux recommandations mortuaires faites au défunt. L'allocution sur le corps a, en effet, pour but principal de préparer le mort à répondre aux questions que lui poseront, une fois place dans le tombeau, le bon et le mauvais ange.

107 — Un cadi bien attrapé

Deux individus, assis dans une boutique en face de chez eux, causaient familièrement ensemble. Leurs logis se touchaient. Un chien vint à faire ses ordures au milieu de la rue, en face de leurs maisons. Un d'eux s'écrie :

— C'est près de chez toi !

— C'est plus près encore de chez toi ; reprend l'autre, aussi est-ce à toi à l'enlever.

La dispute s'échauffe, ils s'en vont au tribunal. Justement le Hodja était venu, ce jour-là, voir le cadi.

— Hodja, lui dit celui-ci ironiquement, occupe-toi du procès de ces gens-là.

— Votre rue, demande le Hodja aux plaideurs, est-elle un grand chemin ?

— Certainement, répondit l'un d'eux.

— Alors mon avis est, dit le Hodja, que ce ne soit ni toi, ni l'autre qui ramasse l'objet, mais bien le cadi.

108 — La faute de l'enfant s'impute au père

Le veau du Hodja courait un jour, en beuglant, de côté et d'autre. Aussitôt le Hodja saisit son bâton et s'en prend au bœuf.

— Pour quelle faute, lui crie-t-on, le frappes-tu donc, Hodja ?

— Toute la faute est sur lui, répond-il. Comment son veau, né d'hier, saura-t-il quelque chose s'il ne l'instruit pas ?

109 — Le berger astronome

Un jour que le Hodja se rendait a Derbend[10], il rencontre un berger.
— Es-tu docteur de la loi ? lui demande celui-ci.
— Certainement.
— Écoute ; j'ai posé une question aux gens comme toi ; attends un moment que nous fassions une convention : si tu peux me répondre je parlerai, si tu ne peux pas nous ne parlerons pas.
— Quelle est ta question ? fit le Hodja.
— Des deux lunes qui existent, dit-il, l'une est petite : elle devient grande comme une roue quinze jours après, puis elle meurt et disparaît. Ensuite une nouvelle parait et en fait autant. Que deviennent les vieilles ?
— Voilà vraiment, fit le Hodja, une chose bien difficile. Les vieilles lunes se brisent et on en fait des éclairs. Ne vois-tu pas, quand il tonne, de quelle façon ils brillent, semblables à des épées ?
— Bravo! s'écrie le berger, tu es un vrai savant; je suis absolument de ton avis.

110 — Une bonne cachette

Certain jour le Hodja se trouvait seul chez lui. Il fait alors un trou et enfouit là une petite somme qu'il possédait. Il s'en va ensuite sur sa porte et se dit :

---
10 Voir note 9, en fin de volume.

"Puisque je connais la place je pourrais bien être le voleur » ». Il retire alors son argent et l'enterre dans un autre endroit.

Toujours préoccupé cependant, il allait et venait en disant : ''ce n'est pas encore cela''. Une colline se trouvait en face de sa maison, il va couper, dans son jardin, une longue perche, place ses espèces dans un petit sac, l'attache au bout de la perche et place celle-ci sur la colline. Il descend ensuite tout en bas et, regardant en haut, s'écrie :

— L'homme n'est pas un oiseau, comment pourrait-il atteindre là ? j'ai trouvé un bon endroit.

Un mauvais sujet l'observait. Une fois le Hodja éloigné, l'autre monte sur la butte, fait descendre le sac, frotte la perche avec un peu de fiente de bœuf, la replante ensuite sur le sommet et gagne le large.

Peu après le Hodja se trouve avoir besoin d'argent. Il accourt au bas de la perche, voit qu'il ne lui reste plus rien et qu'après le bâton se trouvent des traces de fiente de bœuf.

— Quoi ! s'écrie-t-il, j'ai dit qu'aucun homme ne pouvait atteindre le haut de cette perche et voilà qu'un bœuf y est monté ! C'est là un vrai miracle ! Et, faisant l'oraison funèbre de son argent : « la miséricorde de Dieu soit sur lui ! » dit-il.

111 — Invitation promptement acceptée.

Un jour le Hodja s'en retournait chez lui. Il vint à rencontrer quelques *talebs* (étudiants).

—Messieurs, leur dit-il, venez dîner chez moi, à la

fortune du pot.

— Très bien, répliquent les talebs sans se faire prier davantage ; ils suivent alors le Hodja et arrivent à sa maison. Celui-ci les invite poliment à entrer et pénètre ensuite à l'intérieur du harem.

— Ma femme, j'amène quelques hôtes, donne-nous la soupière, que nous mangions.

— Quels achats et quelles provisions as-tu faits que tu me demandes la soupe ?

— Femme, réplique-t-il, donne-moi toujours la soupière.

Il la prend et s'en va retrouver ses invités.

— Excusez-moi, messieurs, leur dit-il, mais s'il y avait eu chez nous du beurre et du riz, je vous aurais présenté non-seulement la soupière, mais encore de la soupe dedans.

Cette histoire s'adresse aux gens qui acceptent une invitation sans se faire prier.

112 — Un mari en exil

Un jour le Hodja va se coucher dans son cellier. Sa fille y vient chercher quelque chose et voit son père couché et caché sous un grand vaisseau de terre.

— Hé, mon père, s'écrie-t-elle, que fais-tu donc là ?

— Dans la main de ta mère que ne me faut-il pas faire ? *elle m'oblige même à m'exiler.*

113 — Leçon donnée à un mendiant

Certain jour le Hodja, tranquille chez lui, entend quelqu'un frapper à sa porte.
— Que veux-tu ? crie-t-il.
— Descends, lui dit un mendiant.
Le Hodja descend aussitôt et lui demande ce qu'il veut.
— Je désire une aumône, répond-il.
— Monte avec moi.
Une fois le pauvre monté :
— Dieu t'assiste, lui dit le Hodja.
— Pourquoi, seigneur, ne m'as-tu pas fait cette réponse en bas ?
— Et toi, réplique le Hodja, pourquoi, pendant que j'étais en haut, m'as-tu obligé à descendre ?

114 — Moyen d'accouchement ignoré des sages-femmes

La femme du Hodja se trouvait en mal d'enfant ; elle était sur la sellette depuis un jour ou deux sans pouvoir accoucher.
— Seigneur, ne sais-tu pas quelque prière pour faire sortir cet enfant ? crièrent les femmes, de l'intérieur, au Hodja.
Celui-ci court immédiatement chez l'épicier, achète quelques noix et dit :
— Laissez-moi entrer : en versant des noix sous la chaise, l'enfant les verra et sortira pour s'amuser avec.

115 — À réponse, réponse et demie

La femme du Hodja voulut un jour lui jouer un tour avec de la soupe. Elle la place devant eux et, par aventure, oublie qu'elle était encore toute chaude, en prend elle-même une cuillerée et se brûle si bien le gosier que les larmes lui en viennent aux yeux.

— Qu'as-tu, femme, lui demande le Hodja, la soupe serait-elle trop chaude ?

— Non, seigneur, réplique-t-elle, mais mon père défunt aimait beaucoup la soupe, cela m'est revenu en mémoire ; voilà pourquoi j'ai pleuré.

Le Hodja la croit, avale une cuillerée du potage, se brûle le gosier et commence à pleurer.

— Qu'as-tu donc ? lui dit sa femme.

— Je m'afflige, dit-il, de ce que ta maudite mère, en mourant, ne t'a pas emmenée avec elle.

116 — Plaisantes conséquences d'un sermon

Un jour la femme du Hodja s'en va entendre un sermon. À son retour son mari lui demande ce qu'a dit le prédicateur.

— Si quelqu'un remplit le devoir de mariage envers son conjoint, a-t-il dit, le Dieu Très-Haut lui bâtit un pavillon en paradis, il leur en construit à tous.

— Viens, dit aussitôt le Hodja, que nous bâtissions un pavillon en paradis.

Ils s'en vont ensemble et, un moment après, sa

femme lui dit :

— Tu t'es bâti une maison, bâtis-m'en une maintenant.

— Cela t'est bien facile, à toi ! s'écrie le Hodja. Calme-toi! Voudrais-tu donc une maison pour chacun des membres de la famille et fâcher le maître architecte ! Va, une seule suffira bien pour nous deux.

117 — Les visiteurs importuns

Le Hodja rencontre un jour une troupe d'étudiants en théologie.

— Venez, s'il vous plaît, chez moi, leur dit-il.

Une fois arrivés devant chez lui, il les prie d'attendre un instant pendant qu'il va entrer. Il pénètre à l'intérieur.

— Femme, es-tu là ? s'écrie-t-il. Débarrasse-moi donc de ces gens-ci.

Elle se montre et dit :

— Le Hodja n'est pas rentré.

— Il est rentré répliquent les étudiants.

Là-dessus ils se mettent à disputer. Cependant le Hodja, retiré dans les appartements supérieurs, met la tête à la fenêtre :

— Hé ! messieurs, crie-t-il, pourquoi vous échauffez-vous ainsi ; cette maison a peut-être deux portes ; il a pu sortir par l'autre et ne point rentrer.

118 — Un père à la main heureuse.

Certain jour un fils naquit au Hodja.

— Coupe-lui toi-même le nombril, lui dit-on, car ta main porte chance.

— Très bien, fit le Hodja.

Il tire le nombril, arrache tout et laisse un trou à la place.

— Hé ! seigneur, que fais-tu donc là ? s'écrie-t-on.

— S'il n'a pas de trou ailleurs, réplique-t-il, il en aura un là.

119 — Tel fils, tel père

— Je sais comment tu es venu au monde, disait à son père le fils du Hodja.

— De quoi parles-tu là ? dit la mère en se fâchant.

— Tu t'embrouilles, ma femme, dit le Hodja, pour quelle raison ce garçon, qui est intelligent, ignorerait-il cela ?

120 — Réclamation évitée

Un jour le cadi de Sivri-Hissar était couché, ivre, dans une vigne. Le Hodja se trouvait le même jour à la promenade avec son amad (élève-secrétaire). Il arrive jusque-là, voit le cadi ivre, lui prend son *féradjé* (manteau), s'en couvre les épaules et s'éloigne. Le cadi s'éveille et s'aperçoit de la disparition de son féradjé.

À son retour, il recommande l'affaire aux huissiers du tribunal. Ceux-ci aperçoivent l'objet sur le dos du Hodja, saisissent celui-ci et l'amènent devant le cadi.

— Hé ! Hodja, lui dit ce juge, où as-tu trouvé ce féradjé ?

— J'étais à la promenade avec mon amad, répond celui-ci, à certain moment il aperçut un gradué ivre, étendu le derrière ouvert. Mon amad en usa deux fois avec lui à son plaisir, puis je pris ce féradjé et m'en couvris. S'il est à toi, prends-le.

— Va, s'écrie le cadi tout troublé, ce n'est point le mien.

121 — Un mort loquace

Un jour le Hodja, étendu sur le bord de la rivière pour dormir, ressemblait assez, par son immobilité, à un mort. Un passant survient.

— Est-ce que par hasard tu saurais où est le gué de cette rivière ? lui demande-t-il.

— Quand je vivais, répond le Hodja, je passais de ce côté, maintenant je n'ai plus à m'occuper de la situation du gué.

122 — Le barbier maladroit

Le Hodja se faisait raser un jour par un barbier novice qui lui entamait la tête à chaque coup de rasoir et collait du coton sur la coupure.

— Hé ! l'ami, dit alors le Hodja au barbier, si tu dois semer du coton sur la moitié de ma tête, je m'en vais semer du lin sur le reste. (Allusion aux bandelettes de toile à mettre sur des lésions plus fortes que les écorchures du rasoir, pansées simplement avec de la ouate.)

123 — Naïveté d'un faux témoin

Un jour des gens emmenaient le Hodja pour servir de témoin. Ils arrivent chez le cadi et celui-ci, s'adressant au Hodja lui dit :
— Il s'agit de blé dans ce procès.
— C'est au sujet d'orge, réplique le Hodja, que j'ai à témoigner.
— Mais c'est du blé, lui insinuent ses compagnons.
— Ignorants que vous êtes, s'écrie le Hodja, du moment qu'il s'agit de mentir, qu'importe que ce soit à propos d'orge ou de blé ?

124 — La lune tirée du puits

Un jour le Hodja s'en va tirer de l'eau au puits : il y voit l'image de la lune comme si elle y fut tombée.
— Il faut, s'écrie-t-il, la tirer de là sans retard.
Il prend alors une corde munie d'un crochet et la lance dans le puits. Elle s'accroche à une pierre, il tire, la corde cède, il tombe à la renverse et aperçoit alors la lune au ciel.
— Dieu soit loué et remercié, s'écrie-t-il, je me suis donné du mal, mais au moins la lune est remise à sa place.

125 — Le rossignol novice

Un jour le Hodja était monte sur un abricotier, dans le jardin de quelqu'un, quand le propriétaire survint.

— Que fais-tu là ? s'écrie celui-ci.

— Hé ! ne vois-tu pas ? réplique le Hodja, que je suis un rossignol ; je chante.

— Eh bien ! dit l'autre, chante donc, je t'écoute. Le Hodja commence à chanter.

— Quel gazouillement, fit le jardinier éclatant de rire !

— C'est comme cela, réplique le Hodja, que chante un rossignol novice.

126 — Conclusion

On voit ainsi que le Hodja était instruit dans chaque science et initié à toutes les finesses. Il instruisait de ses leçons tous ceux qui l'en priaient. Quelquefois ses discours restaient incompréhensibles car, pendant ses instructions, Dieu l'inspirait et le comblait de révélations ; c'était

vraiment un sage. La miséricorde du Seigneur soit sur lui, la miséricorde et la protection.

NOTES

(1) a) Trois aspres forment un para, quarante paras une piastre et cinq cents piastres une bourse. Actuellement (en 1876) la bourse vaut 112 fr. 5o cts ; la piastre 22 centimes et demi. Sur ce pied le para équivaut à environ un demi-centime et l'aspre à un sixième de centime. Toutefois, comme les remaniements successifs des monnaies n'ont cesse d'avilir l'aspre ottoman et ses multiples, les évaluations ci-dessus s'appliquent uniquement à l'état monétaire actuel ; intrinsèquement l'aspre devait avoir, du temps du Hodja, une valeur beaucoup plus grande et qu'on pourrait estimer d'après Belin (*Journal Asiatique* 1864) à environ 25 centimes.

b) Petite monnaie d'argent en usage chez les Turcs. Du grec άσπρος, aspros (« blanc ») qui avait le sens de « monnaie d'argent » ; il est issu du latin asper (« âpre, rude, rugueux »). En effet les Latins utilisaient le terme nummus asper (« monnaie âpre ») c'est-à-dire non usée par le frottement ou, en d'autres termes, fraîchement frappée.

Sous le nom de « akçe », elle constitua une unité monétaire de l'Empire ottoman à partir du XIVe siècle avant de tomber en désuétude au début du XIXe siècle. Sa frappe est attestée à Bursa pour la première fois au cours du règne d'Orkhan, en 1326.

Petite et peu pratique elle pesait alors environ 1,15 g d'argent plus ou moins cuivré. Des dévaluations successives feront que sous Mahmoud II (r. 1808-1839), elle ne contiendra plus que 0,01 g d'argent et sera démonétisée lors de l'introduction d'un nouveau système monétaire sur base décimale.

(2) Koniah, l'ancienne Iconium (par 30° 17 long E. et 38° 52 lat. N.) est fort souvent citée quand il s'agit d'histoire orientale. Elle fut successivement la capitale de deux États seldjoukides : la sultanie de Koniah ou empire de Roum et la principauté de Koniah ou de Karamanie.

Parlons tout d'abord de la Sultanie. En 1037, Togrul-bey, petit-fils de Seldjouk, sortit des steppes du Turkestan, s'empara, à la tête d'une horde de Turcomans, de Nichapour puis conquit l'empire des Gaznevides, mit fin, en 1055, au règne des Bouïdes d'Ispahan et se rendit enfin maître de Bagdad. À sa mort, arrivée en 1063, Alp-Arslan, son neveu, soumit la Géorgie, l'Arménie et une partie de l'Asie-Mineure. Melik-Shah, fils d Alp-Arslan, régnait sur la Perse et rangea sous ses lois presque toute la Syrie et diverses régions de l'Asie centrale (1074-1092).

Ce fut alors que Soliman, fils de Koutoulmich et neveu de Melik-Shah, dont il commandait les troupes, se mit à faire des conquêtes pour son compte et fonda (1075) l'empire de Roum ou de Koniah. Cette souveraineté comprit l'Asie Mineure presque entière. la Cilicie et l'Arménie.

D'abord affaiblie par les attaques des chrétiens, lors des premières croisades, elle fut ensuite ravagée par les Mongols et tomba sous leur dépendance au XII° siècle. Elle finit par se démembrer en 1294 après la défaite de Gaïath-Seddin, son quinzième souverain, vaincu par ses émirs révoltés, et se divisa alors en dix principautés indépendantes.

L'une d'elles, la principauté de Karamanie, laquelle dut son nom à Karaman son premier sultan, prit pour capitale Koniah. La Karamanie comprenait (1302) sept provinces secondaires : Bey-Chehir, Ak-Chehir, Ak-Séra, Kir-Chehir, Nigdeh et Kansarieh. Ses princes soutinrent successivement huit guerres contre les Ottomans.

Tour à tour asservie, simplement tributaire ou complètement indépendante, cette contrée ne fut définitivement réunie à l'empire turc qu'en 1464 par Mahomet II.

Actuellement Koniah (ou Konya) compte environ 2.232.374 (chiffre 2019) pour 23.000 habitants en 1870 ; de hautes murailles, flanquées de tours carrées, lui prêtaient, naguère encore, un aspect imposant. Elle sert de chef-lieu au liva qui porte son nom, dans l'elayet de Karaman, et renferme, outre un palais assez élégant, plusieurs belles mosquées. Celle bâtie par le sultan Ala-Eddin (voir note 7) est considérée comme le type le plus parfait de l'architecture seldjoukide. M. Texier a parlé avec détails de ce monument dans sa *Description de l'Asie Mineure*. 3 vol. in-fol., Paris, 1839.

(3) Le Ramazan (ou Ramadan) est le mois pendant lequel il est interdit aux musulmans de boire, manger, ou même fumer pendant le jour. Les mois mahométans étant lunaires, la durée du Ramazan est celle d'une lune. Ce temps écoulé, commence le Baïram, la grande fête des sectateurs de Mahomet.

(4) Le bon et le mauvais ange, nommés Munkir et Nekir, sont, d'après les musulmans, préposés à l'interrogatoire des morts, lequel est effectué dès que le corps se trouve placé dans le tombeau. D'après les réponses du défunt et le rapport fait à Dieu par les deux anges, l'âme du mort est conduite en paradis ou en enfer.

(5) Ak-Chéhir (en turc Ville-Blanche) à deux heures du lac qui porte son nom, élayet de Bozauk, liva d'Angora, l'ancienne Antiochia ad Pisidam, résidence ordinaire de Nasr-Eddin Hodja, est située par 29° 15 de long. E . et 38° 13 lat. N., soit à 100 km environ de Koniah. De nombreux ruisseaux la traversent.

Ak-Chéhir fut prise en 1392 par Bayezid-la-Foudre, ensuite ce sultan ottoman, vaincu et fait prisonnier par Timour-lenk (1402) y fut relégué ; il y mourut, dit-on, au bout de quelques mois.

Cette ville possède encore une superbe mosquée et un collège dits de Bayézid. Selon Otter (*Voyages*, tome I, p 58, Paris, 1748) on y remarque le tombeau de Nasr-Eddin Hodja.

(6) Sivri-Hissar (en turc Château-Pointu) paraît être l'ancienne Abrostola, elle se trouve par 29° 15 de long. E. et 39° 30 de lat. N., soit à environ 108 km d'Ak-Chéhir.

Selon le voyageur anglais Kinneir (*Journey through Asia minor, Armenia and Koordistan*, London, 1818, in-8°) et M. Dauzats lequel la visita en 1855, l'intérieur de la ville porte de nombreuses traces de la civilisation grecque. On rencontre à chaque instant des chapiteaux de marbre admirablement sculptés et qui servent de bornes au coin des rues ou de marches devant les maisons. Au milieu d'une place se trouve un ancien tombeau grec que les Turcs ont transformé en fontaine, et sur lequel on lit une inscription très bien conservée. Outre un sarcophage, vraisemblablement celui-là même mentionne par Dauzats, Kinneir dit avoir remarqué trois lions antiques de marbre blanc, sur le flanc de l'un desquels se lisait une inscription également grecque.

Sivri-Hissar se repose au pied d'une haute chaîne de montagnes, le Gunesch-Dagh, est traversée par le Dadlar-Soyou, l'un des principaux
affluents du Kizil-Irmak, et semble gardée par de vastes espaces couverts de tombeaux. Ces

cimetières, quatre fois plus étendus que la ville moderne(en 1876), donnent une idée de ce qu'elle fut autrefois.

Le Tour du monde (2° sem. de 1861) a donné une vue de Sivri-Hissar, d'un café dans cette ville et le dessin du tombeau grec déjà cité.

(7) Ala-Eddin, dont il est question, est un prince de Karamanie. En 1392, le sultan ottoman Bayezid-la-Foudre prit sur lui Koniah, Ak-Chéhir, Ak-Seraï et Nigdeh. Ala-Eddin ayant alors sollicité la paix, la rivière de Tchartchembé devint la limite de ses États. Profitant peu après de ce que Bayezid était occupé en Europe, Ala-Eddin reprit les armes, s'avança jusqu'à Brousse et Angora et fit prisonnier le beylerbey Timour-tasch, généralissime de Bayezid. Ce sultan revient alors subitement en Asie, bat Ala-Eddin dans la plaine d'Ak-Tchaï et le fait prisonnier, ainsi que ses deux fils Ali et Mohammed. Les deux princes sont condamnés à une prison perpétuelle, pendant que leur père, remis à la garde de Timourtasch, son ennemi personnel, est tué par lui. La Caramanie se trouva ainsi temporairement réunie à l'empire turc.

(8) Timour-lenk ou Tamerlan, est ce célèbre conquérant Tartare qui ravagea l'Asie presque entière. Né en 1336, il envahit la Karamanie en 1402, après avoir battu Bayézid-la-Foudre à Angora Peu soucieux d'affermir les conquêtes que cette victoire lui permit de faire en Asie Mineure, il se tourna vers l'Orient et marcha contre la Chine. Il mourut en route à Ottar, sur le Sihoun, dans le Khokand, en 1405.

(9) Derbend, en turc défilé, est un nom assez fréquent dans les possessions ottomanes. Il doit s'appliquer ici à quelque petite localité peu connue de la Caramanie. Nous avons vu, en effet, que tous les noms géographiques, cités dans les *Plaisanteries de Nasr-Eddin,* s'appliquent à des villes de Karamanie comprises dans un rayon de quelques lieues.

BIBLIOGRAPHIE

Plaisanteries de Nasr-Eddin Khodja, texte turc et traduction française par Nassif Mallouf, Smyrne, vers 1854. (Une seconde édition, petit in-18, a été publiée, Constantinople, librairie française, vers 1856).

Meister Nasr-Eddin's, Schwanke und Rauber und Richter. Aus dem tuerkischen Urtext wortgetre uebersetzt. von Willi, von Camerloher und resp. Dr. W. Prelog. Mitgliedern der Morgenlaendischen Gesellschaft in Konstantinopel. Mit einem Titelkupfer. Triest, Buchdruckerei der osterreichischen Lloyd. In Commission bei A. V, Geisler in Bremen. 1856, vi und 72 seiten kl. 8.

Chrestomathie ottomane, précédée de tableaux grammaticaux et suivie d'un glossaire turc-français par Fr. Dieteriei. Berlin, chez George Reimer, 1854. In-8°.
Dans cet ouvrage figurent sept historiettes de Nasr-Eddin extraites de deux manuscrits de Berlin : Diez O. 121 et Diez Q. 16.

Dialogues turcs-français, mis en caractères orientaux par N. Mallouf, augmentés de neuf anecdotes amusantes, d'un recueil de lettres et d'un précis de grammaire. Smyrne, 1854, in-12 oblong.

Parmi les neuf anecdotes amusantes il s'en trouve sept de Nasr-Eddin.

ÉDITION DU TEXTE TURC :

Constantinople, 1253 de l'Hégire (1837), in-8°, imprimé. Semble être l'édition princeps. Le texte, rendu souvent obscur par des fautes typographiques, ne diffère pas sensiblement de celui de la plupart des réimpressions qui ont suivi. Un second tirage de cette édition a été fait en 1254.

De J-A. Decourdemanche, chez le même éditeur :

Mais aussi :

Sommaire

Préambule 7

Non pas l'autoroute 13

Une nouvelle posture 17

Spécificité de la posture 21

Brève théorie générale 27

Le psycho-soignant avant tout 35

Valeur symbolique de l'argent 42

Désir sexuel n'est pas amour 53

Être humain 58

Trois techniques médéanimiques 72

Valeurs médéanimiques 80

Vocation

Par essence, elle ne peut pas être acquise ; pas plus que la « musicalité » ne l'est par le biais d'un savoir théorique et technique ou la foi ne procède d'une grande maîtrise du corpus théologique. À peine peut-elle être éveillée.

Du latin *vocare*, « avoir la vocation », revient à se sentir appelé (e) à une mission particulière dont en l'occurrence l'écoute, dans un premier temps, devra être le cœur.

L'entretien préalable à l'accession à la formation, aura pour objet de la déceler ou d'en deviner la simulation.

atteinte. C'est de cette région saine qu'une reconstruction est envisageable ».

Solidarité

Nous devons plus exactement entendre par ce terme, « un lien essentiel de solidarité » impliquant une conviction, celle qu'une intime et originelle imbrication avec autrui fonde la relation que chaque individu entretient avec lui-même.

L'individu, et plus précisément son culte, tel qu'il nous est imposé par la société de consommation, est un mythe.

Troc

Elle est une spécificité médéanimique en tant que l'argent la monnaie ne sera éventuellement pas le seul échange possible entre le psycho-soignant et son patient. À ce titre, toute personne dans l'incapacité réelle de payer sa séance se verra autorisée à proposer tout objet comestible ou non à son thérapeute.

Pédagogie

En tant qu'elle peut être thérapeutique en elle-même, et au cas échéant, elle doit humblement viser l'événemential[98] entendu comme ce qui doit faire événement, c'est-à-dire ce qui doit marquer un « avant » et un « après » dans la vie du patient, faire émerger un changement sensible, voire une radicale transformation.

Positivité

À en croire l'étymologie, la positivité serait l'essence de ce qui est productif et découlerait d'une certitude. Gageons que la certitude de tout psycho-soignant peut être ainsi formulée : « Un mieux-être dans de très nombreux domaines (non pas dans tous cependant) peut être obtenu par le patient qui, dans la mesure où il a fait la démarche personnelle de pousser la porte de notre cabinet, atteste d'une part de lui-même qu'une dissonance psychique n'a pas

---

[98] Néologisme

Partage

En l'occurrence, en séance, « partager » sera le fait de prendre sur soi une partie plus ou moins grande de la peine du patient dans le but évident de le soulager. Pour ce faire, une écoute attentive sera éminemment requise de sorte que les réponses du psycho-soignant soient adaptées.

Passion

Étymologiquement suspecte en ce qu'elle nous réduirait à un état de passivité, la passion est aussi ce sans quoi « rien de grand ne s'est jamais accompli dans le monde[97] ». C'est en l'occurrence par elle que doit être animé le médéanimiste.

Allons même jusqu'à ajouter qu'elle pourrait bien n'être que le signe indiquant l'existence d'un procès plus profond, plus originel, et que l'on pourrait confondre avec l'Amour.

---

[97] Citation extraire de *La raison dans l'Histoire* de Friedrich Hegel, philosophe allemand né en 1770 et mort en 1831.

adhèrera à ce qu'il est aujourd'hui convenu d'appeler "la justice sociale" visant prioritairement à gommer les inégalités matérielles.

Cette posture ne fait pourtant pas de lui un être naïf, sans lucidité quant à la nature humaine. Il prend le partie de l'équité sans être la dupe des manigances dont il pourra être l'objet.

Ouverture d'esprit

Elle désigne une aptitude à la décentration de soi pour mieux accueillir sereinement le point de vue de l'autre, une capacité à envisager l'autre comme étant une autre conscience de soi, un autre moi-même que nous qualifierons d'essentiellement « autotélique[95] » dans la mesure où la conscience de soi suppose comme une boucle, un flux réflexif interdisant de fait l' « objectification[96] » de tout être humain.

---

[95] Du grec ancien autós (soi-même) et télos (but). Ici, le sens de ce mot n'est pas exactement celui que les psychologues lui attribuent.
[96] Néologisme désignant le fait de transformer un sujet humain en objet quelconque.

point de s'en remettre, avant confiance, à celui qu'il considère comme un sauveur potentiel.

Ajoutons à ceci qu'au 4ième siècle av. J.-C, Aristote distinguait 2 formes de justice :

1 - La justice commutative

2 - La justice distributive

- La première n'établit pas de distinctions entre les personnes et fonctionne de façon arithmétique.

- La seconde fait cas des inégalités entre les individus. Toutefois, elle repose originellement sur la notion de "mérite" à laquelle le médéanimiste ne souscrit pas. Considérant que chacun n'est pour rien dans ses forces morales, laborieuses ou sa volonté, pas plus qu'il n'est responsable de sa beauté, son intelligence ou quelque aptitude personnelle que ce soit; considérant en d'autres termes que les inégalités sont "de naissance" et ne doivent pas être cultivées par un système économico-politique, le médéanimiste s'attachera au contraire à les atténuer autant que faire se peut dans son domaine et d'inconnaissance au sujet de sa propre personne, d'un angle mort le concernant.

Justice

C'est à l'étymon de ce terme que nous nous référerons pour proposer une définition originale, c'est-à-dire « nouvelle ». Du latin *jurare* signifiant « jurer » au sens de « rendre sacré », autrement dit « sacrifier », une parole, et avant tout celle que l'on donne, le sens de la justice, tel que nous le concevons, ne peut moralement accepter le monnayage excessif dont la parole (ou le silence) de tout « psy » fait aujourd'hui l'objet. Il est temps qu'une nouvelle posture psycho-soignante s'impose en direction de cette justice-là. À la vendre trop cher, la parole des professionnels de santé mentale perd à notre sens de sa sacralité initiale ; ce n'est qu'en laissant à son patient la liberté de fixer le prix de ses séances qu'elle lui est sans doute quelque peu restituée. Outre cela, nous pensons que la parole de tout médéanimiste doit avant tout être à la hauteur de la valeur inestimable du patient ; inestimable d'être un être conscient de lui-même et douloureux au

Honnêteté

Toute relative à son humilité, le médéanimiste devra, à l'occasion, être à même de reconnaître son impuissance face à son patient et lui proposer de se diriger vers l'un de ses collègues, voire vers un psychiatre dans le cas où la personne en souffrance connaîtrait une dépression majeure nécessitant une stabilisation médicamenteuse avant d'envisager un travail psychothérapeutique.

Humilité

Habituellement définit comme suit : « Sentiment de sa propre insuffisance qui pousse à réprimer tout mouvement d'orgueil ».

En l'occurrence, elle consistera pour le médéanimiste, à ne pas vouloir à tout prix obtenir un résultat, à ne pas s'entêter, à ne pas forcer les choses au risque de déboucher par orgueil sur un succès artificiel, et à envisager sa possible incapacité à aider son patient comme l'effet d'un point tradition phénoménologique, elle la définit comme une appréhension immédiate, c'est-à-dire non rationnelle de l'affectivité d'autrui.

À défaut de cette aptitude, innée de préférence, elle sera un effort de compréhension intellectuel en direction du patient.

Générosité

Si, comme tous les dictionnaires nous le disent, elle est avant tout une disposition « à donner plus qu'on n'est tenu de donner » et « à recevoir moins qu'on ne pourrait réclamer », à regarder en outre du côté de son origine indo-européenne, elle est aussi ce qui fait naître, ce qui enfante. La générosité est donc « génésique » en ce qu'elle met au monde, « réalise » une puissance par le mouvement même qu'elle provoque. C'est par ailleurs en fonction de ce qu'elle signifie d'ouverture concrète à la réalité du patient possiblement désargenté, mais désireux de faire un travail sur lui, que nous la croyons indispensable.

au contraire en multipliant les approches et les points de vue théorico-pratiques que nous nous donnons plus de chance d'atteindre le « sur-mesure » (Bespoke) auquel nous nous engageons. D'aucuns penseront que la posture est l'héritière malheureuse du *New Age* « bricoleur » et par trop individualiste, mais nous pensons avec *Marilyn Fergusson*[94] qu'il est temps d'accompagner l'essor nécessaire d'une ère nouvelle et de prendre acte de toutes les richesses culturelles qu'une bonne mondialisation met à portée de nos mains.

Empathie

C'est au psychologue allemand *Robert Vischer* en 1873 que nous devons ce terme qui désigne selon lui la projection mentale de soi dans un objet extérieur et, plus tard, avec *Théodor Lipps* le sentiment d'un artiste qui se projette par son imagination non seulement dans un objet inanimé mais aussi dans l'expérience vécue d'une autre personne. Quant à la

---

[94] héoricienne du *New Age* dans « Les enfants du verseau » paru en 1980.

autrement dit sous réserve qu'elle ne se confonde pas avec l'indiscrétion. « Être curieux » nous conduit à apprendre le plus possible dans le but d'embrasser autant qu'il se peut la réalité humaine et ne pas en être débordé.

Disponibilité

Le travail du médéanimiste ne se résumera pas nécessairement au temps de la séance proprement dit. Il sera au cas échéant disposé à répondre à des e-mails qui lui seront adressés hors cadre, de même qu'il pourra être mobilisable en cas d'urgence. La disponibilité va de pair avec la générosité entendue comme n'étant pas seulement manifestable par le biais d'une proposition laissant libre tout patient de fixer le prix de sa séance, mais également par le temps du psycho-soignant dont il pourra, à l'occasion, disposer.

Éclectisme

Il n'est pas à confondre avec une dispersion qui rendrait inefficace tout travail médéanimique. C'est

Créativité

Sans une bonne imagination ou une capacité à construire des propositions et des idées possiblement motrices en direction d'un mieux-être ou d'une reformation plus radicale du Moi de la personne en souffrance, le psycho-soignant en restera à une écoute dont la fécondité ne tiendra qu'à la bonne volonté du patient très généralement incapable, dans un premier temps, du moindre effort.

Culture générale

Elle est souhaitable en ce qu'elle peut permettre un angle de compréhension plus ou moins ouvert du récit du patient. Il n'est que de se pencher sur la biographie des grands psychothérapeutes pour prendre conscience de l'importance d'un bagage culturel sans lequel certains troubles psychiques peuvent nous rester étrangers.

Curiosité

Elle n'est pas un défaut, à condition qu'elle ne soit pas le désir malsain de connaître l'intimité d'autrui, prendre conscience de sa propre mesure sans tenter de rivaliser avec les dieux. Entendons par là que nous serions enjoints d'assumer humblement notre condition de mortels en procédant à une introspection.

Existe cependant une variante à l'origine incertaine « Connais-toi toi-même et tu connaîtras l'univers et les dieux » à laquelle nous nous référerons pour indiquer une correspondance entre notre dedans et un dehors. Se connaître soi-même reviendrait par là même à rejoindre une transcendance sans laquelle il ne nous serait pas possible de comprendre tout à fait la nature humaine. Quiconque se connaît insuffisamment ne peut sérieusement envisager de comprendre, et encore moins d'aimer son prochain. C'est alors du côté d'une très célèbre citation du poète comique Térence que nous nous rangerons en pensant que, si nous nous livrons à une véritable réflexion sur nous-mêmes, nous dirons avec lui : « je suis un homme et rien de ce qui est humain ne m'est étranger », désamorçant ainsi tout jugement sur autrui.

distanciée des thérapeutes de type « analytique » ne nous semble souhaitable qu'auprès d'une très faible proportion des personnes en demande de soins psychiques. Nous gageons par ailleurs que l'adoption de cette posture médico-psychique ne compromet en rien le processus de transfert.

Connaissance de soi

Γνῶθι σεαυτόν (Gnothi seauton) « Connais-toi toi-même ». Il s'agit là du huitième des 147 commandements[91] delphiques que *l'Oracle de Delphes* aurait transmis par l'intermédiaire de la prophétesse *Pythonisse*[92] (selon la plus ancienne doxographie), au dieu grec *Apollon*. Nous pouvons le lire sur le fronton du temple qui lui était dédié.

À la première lecture, cette maxime peut paraître simple, mais il n'en est rien. Si l'on doit en croire *Socrate*[93], elle assignerait à l'homme le devoir de

---

[91] Apophtegme (ou maxime de sagesse).
[92] Autrement appelée Pythie.
[93] Dans le *Charmide* de Platon. Socrate est censé être né vers -470/469 et mort en -399.

peut traduire par « sur-mesure ». Tout bon psycho-soignant se doit de viser l'hapaxité (unicité absolue de chacun des patients) en se refusant autant que possible à le réduire à une catégorie. Aucun QCM[90], aucun graphique, aucun pourcentage ne viendra donner un air de scientificité au travail du médéanimiste. Une relation purement intersubjective et cependant experte sera requise.

Congruence

Nous assumerons cette attitude, en invitant tout médéanimiste à être un exemple d'authenticité pour son patient de sorte que ce dernier puisse le considérer à la fois comme un « Sujet Supposé Savoir » (SSS ou 3S) et une « personne » à part entière susceptible de rire, d'aimer, de s'indigner etc. Par authenticité, nous devons entendre l'alignement entre ce qu'il est, ce qu'il fait et ce qu'il dit ; ce en quoi le patient pourra comprendre l'intérêt qu'il aura à prendre cet alignement (non pas la personne) pour modèle. L'attitude froide et

---

[90] Questionnaire à choix multiples.

Valeurs médéanimiques

Adaptabilité

Elle est une faculté indispensable. Nous pourrions également l'appeler « plasticité psychique », mais également « plasticité intellectuelle ». Elle dépend avant tout d'une disposition naturelle à épouser et comprendre les croyances du patient, mais en ce sens, elle requiert également un parcours plus ou moins riche de rencontres, que celles-ci soient livresques ou strictement existentielles. L'adaptabilité ne doit être comprise que comme la sœur siamoise de la créativité sans laquelle le « sur-mesure » (Bespoke) que tout médéanimiste se doit de viser est irréalisable. Elle est essentielle dans le cadre des thérapies psychiques qualifiées très justement de « subjectives ».

Bespoke

Le mot n'est pas connu du grand public, et pour cause, il s'agit d'une expression anglaise que l'on

Voisine par ailleurs de la logothérapie du psychiatre et neurologue *Viktor Frankl*[87] en ce qu'elle considère la quête de sens de chacun comme étant centrale et caractéristique de l'humain, elle se positionne sur ce même terrain tout en épousant la conviction d'un *Romain Iborra*[88] en considérant la dimension possiblement curative du bon emploi de la pensée logique, de même qu'elle souscrit à la thérapie rationnelle d'*Albert Ellis*[89].

---

[87] Né en 1905 et 1997.
[88] Normalien, doctorant en philosophie et concepteur de la logicothérapie.
[89] Indices biographiques, page 23.

par exemple courant de constater qu'une femme, seule et face à un miroir, n'osera pas être sensuelle, grimaçante ou ordurière tant elle aura intériorisé l'image d'elle-même qui lui aura été transmise par le discours d'un (e) autre.

En lieu et place de ce qu'elle pourrait exprimer, fut initialement constituée une image qu'elle sera dès lors à même de redessiner, non sans mal, en osant le meilleur ou le pire d'elle-même. Naître à son désir est à ce prix[86] ».

L'iréomédie

D'un *i* privatif et de *reor* (en latin) signifiant dans un second temps « fixer dans sa pensée », cette technique, par le biais d'un effort rationnel d'inspiration socratique, visera la « défixation » de certains contenus de pensée pour rendre à cette dernière son dynamisme, sa vitalité, ainsi que sa fluidité.

---

[86] Texte extrait de livre intitulé « Self-interview ».

sera toujours accompagnée du regard et du discours de l'un des parents ou d'une personne ayant endossé une fonction équivalente à la leur. C'est donc non seulement en se regardant directement, mais également en écoutant et en s'assimilant au discours et au regard de cet autre significatif que l'enfant achèvera de s'appréhender dans sa totalité et comme semblable à ceux qu'il percevait depuis sa naissance. C'est à ce moment-là qu'il fera son entrée dans la communauté humaine. Son Moi est donc social.

Il est important de noter que l'image entière et « parlée » de lui-même dont il s'empare à cet âge-là doit être considérée comme une inévitable anticipation imaginaire quasi confiscatoire de son identité véritable. On parle alors d'image primitive aliénante dans la mesure où tout être humain ne se saisit dans sa totalité que par un autre qui le définit.

La spéculomédie a pour objectif de conduire tel patient à se ressaisir par-delà le récit parental originel et éprouver l'aliénation initiale, ainsi que les blocages cristallisés, alors que personne n'est là pour l'y contraindre, le médéanimiste n'étant à proprement parler « personne » et l'invitant, qui plus est, à répéter l'expérience de façon solitaire. Il est ou mille à trente-sept, je parie que l'effet retour de l'exactitude sur notre sensibilité est implacable[85] ».

Spéculomédie

« Selon Jacques Lacan qui le rendit célèbre, le « stade du miroir » (*Henri Wallon* fut le premier à le considérer) est un moment clef de la constitution du Moi. Vous pourriez d'emblée objecter que les miroirs n'ont pas toujours existé et qu'ils n'apparurent à proprement parler qu'aux alentours de 6 000 ans avant Jésus-Christ… En Anatolie. À quoi je répondrai qu'il était sans doute possible aux hommes de se mirer dans des plans d'eau étale bien avant cette époque. À en croire les propos du psychiatre, c'est entre six et dix-huit mois que le petit d'homme, d'une très vague appréhension morcelée de lui-même passera à une prise de conscience de son unité corporelle en s'identifiant à son image entière qu'il apercevra dans un miroir. Il est important de préciser que cette expérience « inaugurale » sera d'autant plus cruciale qu'elle

---

[85] Texte extrait et quelque peu remanié de livre intitulé « Self-interview ».

L'hyperbole, de même que son contraire, la tapinose par exemple, sont très souvent présentes dans nos propos au quotidien. Chacune à sa façon est l'expression d'un état d'âme sans égard pour la réalité objective. C'est ainsi que l'on peut dire à celui qui est très exactement en retard de 13' 58" : « Ça fait deux heures que je t'attends ! » pour exprimer notre impatience. A contrario, nous affirmerons que cette voiture ne consomme presque rien, si nous souhaitons la vendre rapidement à quelqu'un.

Par ailleurs, il y a fort à parier que nombre de livres qualifiées de « saints » et autres récits « merveilleux » transmis oralement dans un premier temps par des personnes, « émotives » à n'en pas douter, ont été progressivement enrichis par le prisme fécond de leur cerveau limbique. Rares sont les paroles qui ne débordent pas les faits. C'est que nous parlons le plus souvent de nous en prétendant rapporter le plus fidèlement possible telle ou telle situation. L'éparcomédie est donc la technique thérapeutique qui a pour objet l'ajustement du discours à ce qui est. Trois n'équivalant pas à cent à savoir « Veritas est adaequatio rei et intellectus[84] » (La vérité est la conformité de la chose et de l'intellect) et nous pourrions en effet demander : « Qui est juge de cette adéquation ? Et comment peut-on en être juge si ce n'est en supposant une connaissance de l'objet qui relève de l'intuition et non de la raison ? », mais nous verrons plus avant qu'à feindre d'ignorer ce questionnement, nous gagnons une réalité psychologique et incontestable dont il serait vain de sonder la valeur ontologique.

« Vu l'ampleur qu'ont prise les thérapies cognitivo-comportementales qui attachent à juste titre une grande importance au conditionnement, ainsi qu'à son effet de « feedback » sur notre appareil cognitif, nous pensons qu'il est important d'inciter chacun de nous à ne pas laisser ses humeurs se manifester à tout instant et à contrôler sa « subjectivité parlante » la plus indocile pour dire ce qui est, tout simplement (lorsqu'il s'agit bien entendu de réalités mesurables et vérifiables très au large des préoccupations ontologiques).

---

[84] Réalisme naïf.

Trois techniques médéanimiques

Il ne s'agit pas à proprement parler de thérapies, mais comme le titre de ce chapitre l'indique, de techniques susceptibles d'être intégrées à des ensembles de procédés définis à visée psycho-soignante.

L'éparcomédie

N'est-il pas remarquable que lorsque nous nous exprimons, nous avons très fréquemment tendance à activer notre cerveau limbique, quitte à compromettre la qualité d'adéquation de notre discours aux faits ? N'est-il pas dès lors notable que nous renseignions plus notre interlocuteur sur notre humeur que sur la réalité proprement dite ?

Certes la notion d'adéquation évoquée ci-dessus ne va-t-elle pas sans poser de problèmes. Si l'on veut bien se rappeler la définition thomiste[83] de la vérité,

---

[83] De saint Thomas d'Aquin, théologien et philosophe italien né en 1224/25 et mort en 1274.

l'excellent livre de *Charles Taylor*[82] intitulé : « Les sources du moi - La formation de l'identité moderne ».

---

[82] Philosophe canadien né en 1931. Lire : « La représentation de l'individu en peinture ».

devons puiser notre compréhension du thème de la ressemblance ?

À faire nôtre ce qui précède, nous comprenons que l'individu tel que nous le connaissons aujourd'hui n'a pas toujours existé, qu'il n'est qu'un mythe sans doute commode à la société de consommation et dont l'apparition remonterait à l'aube de l'époque moderne selon *Tzvetan Todorov*[79] et *Robert Legros*[80]. Par « individu » nous devons entendre « individu revendiqué », celui qui a « une valeur, […] qui mérite de l'attention et du respect, […] qui justifie qu'on se batte pour lui[81] ». Ne l'est-il pas en diable de nos jours ? Que le sentiment d'être soi ait une histoire peut paraître surprenant, mais c'est bel et bien le cas, si l'on doit, par ailleurs, en croire

---

[79] Critique littéraire, sémiologue, historien des idées et essayiste français d'origine bulgare, né en 1939 et mort le 7 février 2017. Lire « Éloge de l'individu ».
[80] Philosophe belge né en 1945. Lire : "La naissance de l'individu moderne", in *La naissance de l'individu dans l'art*.
[81] Todorov in « La représentation de l'individu en peinture ».

une tout autre modalité identificatrice et… Spécifiquement humaine.

En nous penchant sur la phrase suivante : "Le chemin le plus court de soi à soi passe par autrui[76]", nous comprenons aisément l'*insubstantialité* de l'identité profonde de chacun de nous. Notre *identité* n'est pas une closerie, une citadelle hermétique, mais suppose un rapport originel à autrui, une « altérité constitutive du soi[77] ».

C'est alors que nous pouvons nous rappeler ce qui est écrit dans la Genèse 1:27 : « Dieu créa l'homme à son image, il le créa à l'image de Dieu, il créa l'homme et la femme[78]» et nous demander s'il ne serait pas plus juste de penser que « la relation » entre Adam et Ève est à l'image de Dieu. Ne les a-t-il pas créés tous deux le sixième jour avec un peu de terre ? Et n'est-ce pas à ce couple initial que nous

---

[76] « Soi comme un autre » de Paul Ricoeur.
[77] Ibidem.
[78] Bible de Louis Segond.

nous revient pas dans ce court manifeste d'en développer la thèse aussi loin que possible, mais voici tout de même :

Chez Paul Ricœur, nous venons de le voir, 2 modèles d'identité bien distincts sont à considérer :

1/ L'*identité de caractère* met en avant ce qu'il ne nous revient pas de choisir et qui semble manifester comme une structure « naturelle » dont nous ne saurions a priori nous défaire. Dans *Soi-même comme un autre*[75], il écrit : « J'entends ici par caractère l'ensemble des marques distinctives qui permettent de réidentifier un individu humain comme étant le même ». En d'autres termes, les *traits de caractère* ne seraient en définitive que les différentes habitudes que telle ou telle personne aurait prises au cours de son existence.

2/ De son côté, l'*identité de promesse* ou de « *maintien de soi* » qui nous engage en tant que parole donnée et devant être tenue, nous ouvre sur

---

[75] Paru au Seuil en 1990.

Reprenons ! Afin de commencer par le plus simple, affirmons qu'en bon exégète chrétien, Il ne dit pas de Jésus (et ce, contrairement à saint Luc), qu'il est le fils de Joseph qui est le fils de Héli, qui est le fils de Matthat, qui est le fils de Lévi, etc. Son « qui ? » n'est pas sa généalogie. De même, le soi de la personne que nous sommes est-il indicible au sens où il serait « pré-narratif », entendons par là qu'il serait condition principielle et introuvable de toute relation[72].

Certes à ce stade, le problème ne paraît-il pas facile à élucider tant il semble donner sur une mise en abîme, mais il revient à poser en creux l'irréductible transcendance d'un « Je », de fait antérieur au Moi[73] ou même à postuler un « Moi pré-réflexif[74] » en soubassement de toute identité psychologique. Il ne

---

[72] Ici, à entendre en tant que fait de relater, non pas de relier. Le « Je » du « Je parle » ne peut en aucune manière être objet de son discours puisqu'il est radicalement CE QUI dit. agent absolu, définitivement hors du champ épistémologique.
[73] Le Moi serait au Sujet ce que l'idole est au Dieu juif ou musulman.
[74] Concept ricordien.

telle façon qu'autrui peut compter sur moi (ipse). C'est par le biais de la promesse que je fais à mon semblable, qu'au-delà de ce que je suis aujourd'hui, je m'engage à tenir parole.

En d'autres termes, qui ne tient pas sa promesse et se déresponsabilise à l'envi en invoquant les raisons soi-disant objectives de son désistement, ne serait pas à proprement parler un être humain. Promettre revient précisément à lancer un défi à la force érosive du temps, aux vicissitudes qu'il oppose à notre serment ; c'est s'édifier sur la base d'un autre mode identificateur, c'est être auteur de soi.

Certes, cette dernière identité suppose-t-elle une permanence temporelle, mais ne doit en aucun cas être substantialisée, ne saurait être assimilée à un noyau dur, y compris dans le cadre d'un récit narratif et parfaitement subjectif de soi dont la fonction « dynamique » est, selon Paul Ricœur, de faire tenir ensemble les modes identitaires évoqués et sur lesquels nous allons revenir en nous efforçons de les rendre plus compréhensibles encore.

2/ De son côté, Ricoeur pense que l'identité personnelle est problématique en ce qu'elle ne doit pas être confondue avec celle d'une simple chose.

À la question : « Qui suis-je ? », répondre spontanément par la description de mes *traits de caractère* est insuffisant. Si ces derniers expriment bel et bien CE qui, en moi, demeure fixe et inchangé, ils seraient plus juste de dire qu'ils satisfont plus précisément à la question ; « QUE suis-je ? ». Or, nous ne saurions être rangés dans la catégorie des pierres ou des chaises qui, selon *Jean-Paul Sartre*, sont sans « pour soi »[71]. Chacun de ces objets ne maintenant pas volontairement son identité et ne pouvant en aucune manière s'engager en conscience à rester le même au-delà de ce qu'il est à tel moment, certes peut-on dire qu'il est le même (idem) à travers le temps, tandis que je me soutiens délibérément devant autrui, en me comportant de

---

[71] Par opposition à l' « en soi ». Structure de l'ontologie sartrienne posant le « pour soi » comme étant conscient de sa propre conscience, conscient de sa propre conscience, incomplet, ouvert et en construction.

se pencher avec attention sur son merveilleux concept de « visage ».

En tant que psycho-soignant, ne sommes-nous pas en tout premier lieu face à un visage, et le plus souvent dévasté ? Toutefois, n'allons pas confondre le visage avec un espace mesurable et susceptible d'être converti en un savoir ; il ne saurait être objectivé dans une définition et n'appartient conséquemment pas au champ épistémologique. Visage n'est pas figure.

Le philosophe nous en dit avant tout qu'il est une misère, un dénuement et une supplique. Par cette dernière appellation nous devons entendre qu'il est une invite à la responsabilité de chacun, un appel à l'aide, une exigence de soutien. Voilà qui nous concerne !

Même les visages les plus cryptés manifestent une essentielle prière, un « Au secours ! » qui nous engage, et avec nous, notre parole.

manière venir assiéger l'essentiel, ni le bavardage la parole.

Il est en effet une autre spécificité, non des moindres, et dont nous devons sans doute la plus belle exposition à *Martin Heidegger* : « La capacité de parler n'est pas seulement une aptitude de l'être humain, qui serait au même rang que les autres. La capacité de parler signale l'être humain en le marquant comme être humain. Cette signature détient l'esquisse de sa manière d'être ». Nous ferons donc quelques pas sur cet autre chemin où le philosophe allemand, au siècle dernier, fit office de marathonien, en notant au passage qu'une parole, *en se donnant*, rejoint incontinent la dimension éthique évoquée plus haut : « Malheur à celui qui ne la tient pas ! ».

1/ Pour comprendre ce qu'il en est de la philosophie morale[70] de Lévinas, sans doute pourrait-il suffire de

---

[70] Adjectif ici tenu par commodité pour être synonyme d'éthique.

par le sentiment aigu d'une essentielle solidarité entre les humains, une interdépendance fondatrice du soi de chacun par sa relation-avec-et-pour-autrui, de fait très en deçà de nos étages pulsionnels[67], et qui ne doit en aucune manière rester à la porte de nos enceintes avant tout vocationnelles[68] d'accueil.

D'ores et déjà pouvons-nous écrire qu'une définition de l'être humain ne saurait se départir de cette originelle intersubjectivité, de cet entrelacs principiel sans perdre l'humanité qu'il implique. Dans la mesure où, en ce sens, chacun se doit à l'autre et n'apparaît en tant que lui-même que par la grâce de cette intime imbrication, il est possiblement humanicide de s'autoriser des zones franches où notre origine commune n'aurait pas lieu. Le cabinet du médéanimiste, comme tout cabinet de psycho-soignant[69], est une utopie, en d'autres termes un lieu « bon » ou « idéal » où le trivial ne doit en aucune

---

[67] Compromettant tout à fait un rapport de « bienveillance symétrique » entre les humains, avec tout ce que cela implique.
[68] Mais aussi « professionnelles ».
[69] Mais pas seulement eux.

- N'est-il QUE CE qu'il se fait sans se référer à une essence qui précéderait son existence ? Comme pourrait le demander Jean-Paul Sartre contre Platon (par exemple).

- Est-il conséquemment libre de se choisir mauvais sans pour autant perdre son humanité ?

- Ne peut-il au contraire se vouloir autre que bon dans la mesure où, selon *Emmanuel Lévinas* et *Paul Ricoeur*, il se doit tout entier à un entrelacs originel avec autrui et ne saurait objectiver ce dernier sans s'anéantir en tant qu'humain ?

Tout médéanimiste, en vertu d'un acte de foi édictant irrationnellement la priorité de tout ce qui concourt au Vivant (entendu ici comme processus d'épanouissement maximum du germinal), ainsi qu'à la lumière de la pensée des deux éminents philosophes ci-dessus nommés, posera la primauté urgente de la *philosophie éthique* sur toutes ses autres formes. Non pas qu'il faille envisager sa posture spécifique comme foncièrement aride et frustrante, mais plutôt comme originellement portée dans le Tchad actuel il y a environ 7 millions d'années[66] et appartenant à la famille des hominidés, ainsi qu'à la sous-famille des homininés. Nous n'en dirons pas plus qu'il est du genre *homo* et plus précisément de sa 22e espèce dite *sapiens* ; ce serait un peu court et parfaitement extrinsèque à notre projet. Nous n'aurons donc ici que faire de sa classification anthropologico-historique.

C'est à sa nature intime, à son essence que nous nous intéresserons, et il semblerait qu'elle n'aille pas de soi. Contrairement à celle du cheval qui sera toujours « équin » ou celle de l'agneau qui ne manquera jamais à son ovinité, l'homme n'est pas toujours « humain » et doit en un sens s'efforcer d'être ce qu'il est. Peut-être même est-ce cet effort qui le constitue essentiellement. Il est inscrit dans son être même de ne pas être achevé et de tendre vers lui, alors même qu'il ne lui est pas donné, si ce n'est sous la forme d'un désir, son être dont il est, de fait, responsable. Dès lors, trois questions s'imposent :

---

[66] Un nommé « Toumaï ».

migrations massives etc., depuis l'apparition de l'homme sur notre terre, il semblerait que rien n'ait véritablement changé, si ce n'est peut-être les moyens technologiques qu'il met en œuvre pour détruire plus qu'il ne construit, oubliant étonnamment la fameuse sagesse rabelaisienne que nous connaissons pourtant tous : « Science sans conscience n'est que ruine de l'âme[64] ». Certes le progrès n'est-il pas entièrement à jeter, mais encore faudrait qu'il soit systématiquement inféodé à une éthique protectrice de l'être humain (tel qu'il reste à définir) et plus largement du vivant.

Dans un premier temps, nous pourrions tenter de nous inspirer de l'étymologie de la locution nominale[65] qui nous intéresse ici plus particulièrement, mais elle ne simplifierait guère notre entreprise.

Alors qu'en dire ? Certainement pas que l'être humain est à ranger dans l'ordre des primates d'origine africaine apparus aux dernières nouvelles

---

[64] Dans « Pantagruel », son œuvre majeure.
[65] Être humain.

Être humain

Tour à tour tenu par les philosophes et les théologiens pour être un animal politique, rationnel, moral ou désespérément déchiré entre un ange et une bête, l'homme s'interroge depuis longtemps au sujet de sa nature. Aujourd'hui, après l'essor de l'éthologie[62] au tout début des années 70 du siècle dernier, la question se pose plus que jamais…

« Was ist der Mench[63] ? » demandait *Emmanuel Kant* au XVIIIe ? Qu'il soit encore de nos jours nécessaire de chercher une définition philosophique de l'être humain peut paraître étonnant, voire grave, mais c'est au vu de l'actualité plus que jamais anxiogène que nous avons jugeons bon de le faire.

Guerres, irrespect de l'environnement, exploitation de l'homme par l'homme, paupérisation, marchandisation de tout, dessein transhumaniste,

---

[62] L'éthologie est l'étude scientifique du comportement des espèces animales, incluant l'humain, dans leur milieu naturel.
[63] « Qu'est-ce que l'Homme ? ».

autre apparaît tout entier dans son corps, tandis qu'aimer n'est autre que l'assomption de l'éloignement définitif où il se trouve et qui nous condamne heureusement à ne jamais le saisir.

chaque recoin charnel le signe vaguement glorieux d'un souffle à jamais languissant, à moins que nous n'oubliions volontairement l'irreproductibilité d'une certaine et très réputée Incarnation[61], désirer suppose un désastre, un morcellement, une partialisation dudit « objet humain », quand aimer subodore que son tout incommensurable, en même temps qu'insaisissable, est à chérir jusque dans l'impuissance même qu'il nous inflige, la faillite définitive qu'il signe au cœur même de notre désir, et que cette totalité insue d'elle-même comme de nous, ne peut être qu'un orient sans *sex-appeal*, un tuteur indiquant la "voix" à suivre, aveuglément.

Non, le désir sexuel n'est pas l'amour, à moins qu'il n'en soit que l'enfance, assassine et innocente de fait, le repentir toujours recommencé d'un dessein à jamais différé, l'imprécision enivrante d'un enfermement.

Désirer « sexuellement » procède d'une illusion, celle qui nous porte à croire spontanément que tel

---

[61] Celle du Christ.

lesdits objets plutôt que vers le Moi pour que l'affaire soit réglée ? N'existe-t-il pas une façon indécrottablement moïque d'investir tout ce qui n'est pas soi ?

Il n'est que de se regarder désirer pour se rendre compte que le désir sexuel manque toujours sa cible présomptueusement nommée Lui (à moins que ce ne soit Elle ou Iel), et que l'amour véritable, à savoir celui dont le flux présuppose l'informabilité de tout objet-humain, ne veut et ne peut rien moins qu'un orgasme.

Si nous entendons par "cible" l'être humain, autrement dit la personne qu'un corps phénoménalise, et par "amour" ce qui nous fait traverser cette apparition jusqu'à deviner sa mystérieuse intimité, le rapport-à-soi qui s'y cache, alors, ce sont bien les corps qui s'étreignent très au large des âmes dont le propre est d'être "horizonales" et dont ils ne sont que la très lointaine évocation.

À moins qu'à savoir tout cela nous ne fassions mine d'en être les dupes et ne nous efforcions de voir en était bien plus grave que celui du sexuel et qu'il était même constitutif de notre ombre[59] la plus épaisse. Nous viserons quant à nous un au-delà de l'Inconscient personnel pour nous élever en direction des zones transpersonnelles auxquelles nous souscrivons pleinement.

C'est donc sur la base d'une conviction très semblable à celle du psychiatre suisse[60], et antérieure à la connaissons que nous avons désormais de son point de vue que le texte ci-dessous fut commis...

Le désir sexuel, outre sa fonction anxiolytique évidente, ne serait-il pas, in fine, et pour la plupart d'entre nous, que le signe d'une incapacité à nous extraire d'un fantasme, narcissique par nature, et à rejoindre la réalité de l'autre ? L'amour, tristement qualifié d'*objectal* par la psychanalyse, existe-t-il vraiment ? Suffit-il que la libido se dirige vers

---

[59] Concept jungien majeur.
[60] K. G. Jung père de la psychologie analytique et concepteur de l'Inconscient collectif.

Désir sexuel[56] n'est pas amour

Ce chapitre choquera sans doute certaines personnes et portera d'autres à la réflexion ; nous n'entendons pas nous rallier systématiquement aux discours tendances qui tiendraient pour closes certaines questions. C'est dans la lignée de la psychologie analytique jungienne tellement décriée par les littéralistes du corpus freudien, que nous nous risquons à le proposer.

Karl Gustav Jung[57] se prit très vite à penser hors-piste, à trouver son salut hors de l'Église psychanalytique. Entendons par là qu'il rompit dès 1913 avec Freud en en refusant la théorie pansexualiste[58] qu'il jugeait par trop réductrice. À ce titre, et à propos du refoulement (entre autres concepts), il préféra écrire que celui du religieux

---

[56] Ici limité au « génital ».
[57] Médecin psychiatre suisse né le 26 juillet 1875 et mort le 6 juin 1961.
[58] Le point de vue exclusivement sexuel de la théorie psychanalytique.

sujet de laquelle de plus en plus de personnalités éminentes s'évertuent à imposer un nouveau paradigme.

Rien de ce qui ne semble pas être scientifique aujourd'hui ne sera repoussé avec mépris.

Nous garderons en mémoire le sort des découvreurs révolutionnaires que furent *Nicolas Copernic*[51], *Galileo Galilei*[52], *Albert Einstein*[53], *Edwin Hubble*[54] ou encore *Max Planck*[55] etc., et nous efforcerons de ne pas imiter leurs contempteurs de contemporains.

---

[51] Astronome, chanoine, médecin et mathématicien polonais né en 1473 et mort en 1543.
[52] Galilée est un savant italien né en 1564 et mort en 1642.
[53] Physicien théoricien né en Allemagne en 1879 et mort en 1955 aux États-Unis d'Amérique. .
[54] Astronome américain né en 1889 et mort en 1953.
[55] Physicien allemand né en 1858 et mort en 1947.

Nous ne pensons pas avec Freud que la réalité première est « sexuelle ». Tout au contraire, nous avons foi en une dimension que nous croyons plus originelle sans être pour autant tout à fait désincarnée.

Au grand dam des intégristes freudo-lacaniens, et quitte à nous référer à une psychanalyse, nous préférerons celle de son disciple dissident *Karl Gustav Jung*[49] avec tout ce que son corpus théorique et clinique implique, à savoir, l'existence d'un au-delà de la pulsion sexuelle. L'Inconscient subjectif (ou personnel) ne signe pas une limite par-derrière laquelle rien n'existerait que la logique d'un corps insensé. Nous considérerons également les œuvres transpersonnelles d'un *Jean-Yves Leloup* ou d'un *Karlfried Graf Durckheim*[50] en même temps que les récentes découvertes faites grâce aux nouvelles technologies des neurosciences et autres recherches sur le « lieu » temps recherché de la conscience au

---

[49] Médecin psychiatre suisse, né en 1875 et mort en 1961.
[50] Psychothérapeute et philosophe allemand né en 1896 et mort en 1988.

demander les sommes actuellement en vigueur. De très nombreux exemples pourraient malheureusement confirmer le point de vue du père de la psychanalyse dans la mesure où la valeur financière d'un soin psychique, tout comme celle d'un objet, constitue vraisemblablement en elle-même, et a priori, un critère de qualité.

Mais si comme l'écrit Aristote au IVe siècle av. J.-C dans son *Éthique à Nicomaque* : « une hirondelle ne fait pas le printemps », nous pensons définitivement que le prix d'une séance ne garantit en rien le mieux-être d'un consultant en souffrance psychique.

Nous prenons le pari inédit que si « Tout le monde court bel et bien après l'argent » par instinct de conservation, volonté de puissance ou sous le coup d'une très puissante pulsion sexuelle entendue dans le sens freudien explicité ci-dessus, la majeure partie des personnes qui, jusqu'ici étaient, de fait, comme interdites de soins psychiques, appréciera la posture que nous décidons dorénavant d'adopter par souci de justice sociale, mais pas seulement…

Toutefois, si l'argent a effectivement son importance en psychanalyse, s'il semble acquis que la volonté qu'a un patient d'évoluer vers une meilleure connaissance de lui-même, voire d'un mieux-être, se mesure à l'effort financier qu'il fait en priorisant absolument le prix de ses séances, la somme qu'il est prêt à donner spontanément (ou après réflexion) est également révélatrice de sa disposition à entrer dans un processus de métamorphose. Si, selon certains, l'analyste doit rester en retrait et faire en sorte d'être le moins directif et le moins intrusif possible, alors, sans doute conviendrait-il qu'il adoptât cette posture relativement à la question du prix de la séance en ne l'imposant pas. Conséquemment, la responsabilité de son patient serait engagée à la racine même de leur relation.

2/ En réponse au second extrait de *La technique psychanalytique*, nous répondrons plus simplement que nos futurs patients, nous l'espérons, ne commettront pas l'erreur de croire en la « médiocrité » du médéanimiste qui, par pure considération de leurs portefeuilles renoncera à leur

\- Soit. Mais dans ce cas, le sexuel ne serait pas uniquement l'exercice de la génitalité, car enfin, un nouveau-né…

\- Bien sûr que non ! Il ne le devient même que dans le meilleur des cas.

\- Est donc sexuelle toute quête en vue d'un plaisir que la réussite au travail, la reconnaissance artistique ou la constitution d'une fortune peut illustrer par exemple ?

\- Tout à fait.

Si l'on ajoute à cela que la préhistoire individuelle de cette modalité spécifique d'échanges se constitue, selon le neurologue autrichien, au moment de l'apprentissage de la propreté (stade anal), c'est-à-dire de la maîtrise des sphincters anaux qui, de fait, deviennent une zone cruciale grâce à laquelle nous pouvions dès lors exercer un pouvoir sur… La mère en premier lieu, soit en lui offrant nos selles, soit en les lui refusant, alors nous devons comprendre que notre rapport à l'argent en dit long sur chacun d'entre nous.

réponse qui devrait prendre en compte la relativité des us et coutumes d'une région du monde à l'autre, et nous nous contenterons d'attirer l'attention sur le fait qu'aux États-Unis par exemple l'argent paraît beaucoup moins tabou qu'en Europe. La question qui nous intéresse ici est la suivante : Que doit-on entendre par sexuel (au sens freudien) ?

C'est une bonne question, et y répondre vous épargnera l'égarement où se sont retrouvés bon nombre de ses contemporains et... Des nôtres.

Freud répondrait sans doute à quelque chose près ceci :

-   Le sexuel, voyez-vous, est sans conteste, la réalité fondatrice, lovée au cœur même de la psyché humaine ; il en est le ressort principiel.
-   Mais encore ! ? Demanderiez-vous ?
-   Nous nous devons de reconnaître la stricte causalité psychosexuelle des troubles psychiques.

En 1913, dans un texte extrait de la « technique psychanalytique » intitulé : « Le début du traitement », Freud écrit ce qui suit : « L'analyste ne conteste pas que l'argent doive, avant tout, être considéré comme un moyen de vivre et d'acquérir de la puissance, mais il prétend qu'en même temps d'importants facteurs sexuels jouent leur rôle dans l'appréciation de l'argent, et c'est pourquoi il s'attend à voir les gens civilisés traiter de la même façon les questions d'argent et les faits sexuels, avec la même duplicité, la même pruderie et la même hypocrisie » ; et un peu plus loin, nous pouvons lire : « On sait que le fait de pratiquer un traitement à bas prix ne contribue guère à faire apprécier ce dernier ».

1/ En un sens, en même temps que nietzschéen, notre rapport à l'argent serait donc sexuel et nous ne contestons pas cette vision des choses. Il serait en outre traité de la même manière que les questions sexuelles par la plupart des êtres humains ; entendons par là qu'il serait tenu sous le masque. Nous n'entrerons pas ici dans les détails d'une symbolisation des échanges. Sans doute s'évertua-t-il également à légitimer la cherté de ses séances...

Dans son cabinet, de même que dans celui de tout psychanalyste, il faut envisager la somme à débourser comme « un tiers matérialisé entre l'analyste et son patient, une façon de négocier la relation de dépendance » (*Alain Gibeault*[48]). Pourquoi pas en effet ? Et de là, nous pouvons poser les questions suivantes : « À quel prix moyen cette dépendance doit-elle être évaluée ? », « Combien seriez-vous prêt (e) à mettre dans une relation de soins psychiques ? ».

- « Certainement pas 50 ou 60 euros les 50 minutes ! Ou alors, une fois par mois », nous serait-il le plus souvent répondu.

Or, une fois par mois serait bien trop peu quand on sait qu'une thérapie, à raison d'une heure par semaine, revient à jouer à 1 contre 167, c'est-à-dire à 1 heure contre 167 autres que compte une semaine...

---

[48] Philosophe, psychologue et psychanalyste français.

émoluments prohibitifs que ses disciples, jusqu'à ce jour, ont jugé bon de s'en tenir à une somme bien trop importante pour la majorité des citoyens de France ou d'ailleurs.

Quelques décennies plus tard, *Jacques Lacan*[46], dont l'assuétude à l'argent est fameuse, ne fera pas mieux. De 1970 à 1980, vingt jours par mois et 10 mois par an, il recevra environ 10 patients à l'heure, 8 heures par jour, et demandera en échange de ses services (le plus souvent expédiés) l'équivalent d'une quarantaine d'euros (sans prise en compte du pouvoir d'achat). « À sa mort, *Lacan* était richissime : en or, en patrimoine, en argent liquide, en collections de livres, d'objets d'art et de tableaux[47] ».

Pour ce qui est du père de la psychanalyse a néanmoins tenté de théoriser la fonction symbolique de l'argent qui, à y regarder de plus près, n'est que le résultat d'une lente progression historique vers la

---

[46] Psychiatre et psychanalyste français né en 1901, mort en 1981.
[47] Selon Jean-Guy Godin, in « Jacques Lacan, 5 rue de Lille ».

plein thorax avant de le placer sur son étaloir, on le manque tout à fait ?

D'autres possibilités se présenteront à celles et ceux qui ont peu de moyens et qui pourront éventuellement s'appliquer certains adages philosoco-populaires les invitant alternativement à être fatalistes ou combatifs en ne les libérant que très rarement de leur peine.

C'est bien connu, Sigmund Freud aimait l'argent et si nous convertissons en euros les séances qui lui étaient payées en couronnes avant la Première Guerre mondiale, nous obtenons environ la somme exorbitante de 450 euros (selon le philosophe *Michel Onfray*[45] en 2010) à verser en espèces de sorte que l'analysant ait une conscience aiguë de l'échange qui le liait à son analyste.

À ce prix, seule la haute bourgeoisie viennoise, névrosée sans doute de ne rien faire, pouvait s'offrir ses services. Et peut-être est-ce sur la lancée de ses

---

[45] Philosophe français né en 1958. Il semble ici ne pas avoir considéré le pouvoir d'achat de l'époque, mais quand même...

Valeur symbolique de l'argent

L'argent n'est-il pas le nerf de la guerre ? Oui bien sûr, mais de quelle guerre ? De toutes les guerres ; y compris, malheureusement, de celle que l'on souhaite livrer à cette partie de nous-mêmes qui nous empêche d'être heureux. Alors, les plus démunis d'entre nous devront recourir au système « D » tellement secourable des populations nécessiteuses. Ils devront se faire une raison et se contenter le plus souvent d'un traitement biochimique de leur mal-être par un psychiatre qui ne s'intéressera que très vaguement à leur histoire, à moins qu'un(e) psychologue ne les range dans une catégorie spécifique après les avoir fait passer par une armada de tests dont l'objectivité resterait à discuter. Mais l'être humain n'est-il pas à chercher toujours au-delà des cases où l'on s'évertue à le ranger ? N'est-il pas indéniable qu'il faille déposer sur l'autel de son unicité toute prétention à saisir son mystère ? N'est-il pas vrai qu'à vouloir l'identifier comme un entomologiste épingle un lépidoptère en merveilleux, des horreurs et des dangers que le monde recèle. Il doit susciter la passion par sa passion ; ouvrir les portes de la magnificence avec la main ailée de son enthousiasme personnel. De même, doit-il rendre sensible au cœur et à l'esprit les bassesses humaines par cette part froissée qu'il porte et qui n'est autre que son amour immodéré de la vie aux prises avec la bêtise qu'il combat de toutes ses forces ».

Oui, un médéanimiste qui n'aurait pas cette force pédagogique serait probablement amené à défaillir en chemin, de même que s'il n'était pas animé par une passion rayonnante de vivre, l'étincelle magique de sa geste thérapeutique ne parviendrait pas longtemps à rallumer la mèche moribonde de son patient[44].

---

[44] Lire le chapitre des valeurs médéanimiques.

suivante : Quel est le but que tout pédagogue devrait poursuivre[42] ?

« - L'efficacité du coup de poing, le charisme de l'accident, la force du miracle, la puissance d'une chute amoureuse, l'évidence extraordinaire du Vivant. Un bon pédagogue, à mon sens, ne doit viser que cela. S'il n'impose pas une prise de conscience comme une fleur éclot, parfois en crevant une épaisse couche d'asphalte, il ne fait qu'encombrer les têtes sans atteindre les âmes… Avez-vous conscience de la poussée phénoménale que suppose une efflorescence ? Cela me fait à chaque fois l'effet d'un éléphant qui marcherait sur des œufs sans les écraser ou qui prendrait soin d'une toute petite araignée. C'est le même Dieu qui fait s'éveiller les esprits et éclater les montagnes ; le même qui se cache derrière une caresse ou un coup de poing. Le pédagogue (tout comme le médéanimiste[43]) doit s'appliquer à faire courir les âmes à la rencontre du

---

[42] Une question et sa réponse extraite également de *Self-interview* (Vol.1) de Thierry Aymès.
[43] Cette précision n'apparaît pas dans le texte original.

ses parents après les avoir dessinés en grand sur une page blanche, il faut être tombé malade un soir d'été, alors que tout allait bien, il faut avoir traversé des livres à pieds, face à la mer ou dans le vent. Il faut avoir ri, avoir crié très fort, avoir pleuré pour rien. Il faut avoir blanchi des nuits de solitude… Il faut être resté assis auprès d'un mort que l'on peinait à aimer lorsqu'il était en vie ; là, dans sa chambre, avec la fenêtre ouverte et les rires qui entraient par rafales après avoir rebondi sur le mur d'en face. Il faut l'avoir pleuré en rêve. Mais il faut savoir oublier tout cela et accepter de ne pas y parvenir. Ce n'est qu'alors que se lève la première vraie séance… Peut-être ».

Ajoutons ceci : une disposition « pédagogique » sera éminemment souhaitable de la part du médéanimiste. Force est de constater que sa capacité à transmettre clairement son « savoir curatif », que celui-ci soit existentiel ou livresque, peut s'avérer d'une grande importance. Posons-nous la question

Marie Rilke intitulé : « Pour écrire un seul vers » extrait de ses « Cahiers de Malte ».

- Pour être un bon psychothérapeute, il faut avoir été trahi, abandonné, après avoir été adoré, il faut avoir connu l'amour et le désir fous, il faut avoir trompé, il faut avoir menti, croisé des visages par millions et longtemps observé la pluie. Il faut avoir senti comment vole le ciel et frémissent les fleurs au petit matin. Il faut avoir connu les chemins où l'on court vers le goûter que de vieilles mains nous tendent. Il faut avoir eu les genoux en sang, les joues brûlées par le soleil. Il faut avoir rêvé au désir le plus impie juste avant de croiser son visage dans une goutte de rosée. Il faut avoir parlé aux inconnus et dormi à la belle étoile. Il faut avoir bu beaucoup. Il faut avoir coupé ses ailes à une mouche, chassé un bébé écureuil, giflé son meilleur ami. Il faut avoir regretté tout cela. Il faut avoir cru aux ruisseaux comme des fleuves, à leur tumulte et aux bateaux en écorce de pin qui s'y risquaient. Il faut avoir connu ces départs que l'on voyait arriver de loin et ces jours sans faim dont le mystère reste entier. Il faut avoir été déçu par émouvoir son public, et de son côté, à moins d'un miracle, ce ne sont pas les études de théologie qui donnent la foi, si approfondies soient-elles. Le pré-requis est donc moins de connaissances spécialisées que dispositions personnelles. Toutefois, nous souscrivons à la nécessité d'une formation sérieuse pour assurer aux patients une crédibilité, une autorité dont l'effet « placebo » n'est pas à négliger.

Un extrait de « SELF-INTERVIEW(Vol.1)[41] »

Quels sont les pré-requis pour devenir un bon psychothérapeute ?

« - Je n'aime pas le mot 'pré-requis'. Pas du tout même. Il appartient à un certain Establishment à la porte duquel la vie ne vient que très rarement frapper. Je vous répondrai néanmoins ceci en m'autorisant un emprunt ; celui d'une structure, d'un rythme, d'un parfum, à un texte fameux de *Rainer*

---

[41] De moi-même.

l'empathie, ainsi qu'une personnalité bénéfiquement contagieuse.

En renfort de ces traits que nous qualifierons commodément de « naturels », seront espérées d'autres dispositions beaucoup moins spontanées comme : une bonne culture générale, une aisance linguistique, ainsi qu'une ouverture d'esprit affirmée et une « vraie » maturité que seul un assez long vécu peut assurer.

Nous avons remarqué que de très nombreux psycho-soignants auraient pu, à quelque chose près, se passer du bagage qu'ils ont dû acquérir pour obtenir leur certification, tandis que d'autres l'ont obtenue sans pour autant qu'elle leur garantisse ce « Je-ne-sais-quoi » qui ne s'acquiert pas et dont l'efficience constitue cependant la plus grande part du geste thérapeutique.

De même, un musicien peut-il apprendre le solfège, les règles harmoniques et le doigté de son instrument, sans jamais conquérir la « musicalité » dont l'absence compromet tout à fait sa capacité à

Le psycho-soignant avant tout

Au-delà de ses connaissances acquises, autrement dit de sa formation, nous sommes convaincus que la personnalité profonde du psycho-soignant tient le rôle principal. Dans la mesure où, contrairement au psychanalyste qui refuse la place de « Sujet Supposé Savoir » (SSS) à laquelle l'analysant le situe plus ou moins vite, le médéanimiste l'assumera, comme bon nombre de psychothérapeutes. Convaincu que la plupart des personnes en souffrance psychique ne sauraient se contenter de son silence, si bienveillant soit-il, il prendra le parti d'un travail actif, dynamisant et narcissisant, visant dans un premier temps à faire apparaître autant de points positifs qu'il se peut dans leurs vies.

Parce que nous avons cette conviction, les candidats à ladite formation devront, au cours d'un ou de plusieurs entretiens préalables, présenter un profil incluant prioritairement, et de façon évidente, une vocation certaine impliquant une disposition à paraît s'imposer en ce qu'elle met en évidence l'interdépendance des personnes entre elles, et conséquemment nous autorise à penser qu'un individu ne saurait être envisagé comme une entité isolée. Tout au contraire, s'il peut avoir le sentiment d'éprouver des difficultés existentielles, c'est bien souvent dans la mesure où le mal dont il souffre appartient plus au système familial, professionnel ou social dans lequel il se trouve immergé qu'à lui-même.

Steven Hayes[35], concepteur de l'Acception and Commitment Therapy (ACT) à laquelle viendront s'ajouter celle de la *pleine conscience*[36] et le *biofeedback*[37].

Par ailleurs, nous partageons avec *Carl Rodgers*[38] une « approche centrée sur la personne » et tout comme lui, nous mettons l'accent sur la qualité de la relation avec le patient en accord avec la notion de « congruence[39] » qu'il introduit dans le champ psychothérapeutique dès le début des années 50.

Quant à l'approche « systémique » dont *Paul Watzlawick*[40] pourrait être le pionnier, elle nous

---

[35] Psychologue clinicien américain né en 1948.
[36] *Mindfulness* en anglais. Attitude d'attention recherchée dans une pratique laïque et thérapeutique d'une forme de méditation ayant pour but la réduction du stress ou la prévention de rechutes dépressives.
[37] Science de l'interaction « corps-esprit ».
[38] Psychologue humaniste américain né en 1902 et mort en 1987.
[39] Aller au chapitre « valeurs médéanimiques ».
[40] Psychothérapeute, psychologue jungien et sociologue autrichien né en 1921 et mort en 2007.

Ces thérapies, dont *Hippocrate*[28], selon certains, aurait été le précurseur en proposant dès le Ve siècle avant J.-C. la technique de l'*exposition graduée* aux personnes souffrant de phobies, tout comme le philosophe anglais *John Locke*[29] le fit vingt et un siècles plus tard, se constituèrent officiellement avec le behaviorisme[30] d'*Ivan Pavlov*[31] et *Burrhus Frederic Skinner*[32], puis s'affirmèrent avec une deuxième vague dont les cognitivistes américains *Albert Ellis*[33] et *Aaron Beck*[34] seront les figures prégnantes, ainsi qu'une troisième dite « émotionnelle » ayant à son origine un certain

---

[28] Médecin grec né en 460 av. J.-C. et mort en 377 av. J.-C.
[29] Né en 1632 et mort 1704.
[30] Selon le *behaviorisme*, tout comportement observable est essentiellement conditionné soit par les mécanismes de réponse réflexe à un stimulus donné, soit par l'histoire des interactions de l'individu avec son environnement.
[31] Médecin et physiologiste russe né en 1849 et mort en 1936.
[32] Psychologue américain né en 1904 et mort en 1990.
[33] Psychologue américain, fondateur de la thérapie rationnelle et émotive, né en 1913 et mort en 2007.
[34] Psychiatre américain, père de la thérapie cognitive, né en 1921.

« structuration » ne dit pas dans un même temps son « Moi » et encore moins son « Soi ». Très tôt, des dissonances pourront apparaître qui le conduiront à éprouver des conflits internes que seule une intégration harmonieuse, une assomption heureuse de ses désirs contradictoires parviendra à apaiser.

Comme nous le précisons plus haut, un travail analytique d'inspiration psychanalytique visant l'aménagement de ses représentations ne sera pas le seul à pouvoir être envisagé. D'autres formes de psychothérapies seront éventuellement sollicitées qui mettront plus volontiers l'accent sur le symptôme.

Les thérapies cognitivo-comportementales attachent, par exemple, et selon toute vraisemblance à juste titre, une grande importance à l'apprentissage, aux conditionnements, ainsi qu'aux reconditionnements dont l'effet de « feedback » sur notre appareil cognitif peut être à l'origine d'une reconfiguration représentationnelle et conséquemment d'un mieux-être.

- L'humaniste/relationnelle.
- La systémique.

Ajoutons à ceci que nous reconnaissons en chacun de nous un « aliéné original » ; aliéné d'être initialement construit du dehors de lui-même par le discours de « tout autre significatif » ; le petit d'homme étant premièrement voué à s'apprendre « par cœur », c'est-à-dire à ne se connaître qu'indirectement par le biais du discours parental (ou tutorial) à son endroit.

Nous ne négligerons donc pas ce fait indéniable que l'image qu'il a de lui-même n'est le plus souvent que l'effet quasi-nécessaire d'une étrangeté fondatrice. Le sexe (et le genre), le milieu dans lequel telle personne aura été élevée, le climat familial, la région du monde, l'époque, la culture d'où sera forgée ce que nous nommerons commodément son identité, le privent initialement de sa liberté.

Certes ses apprentissages, ses conditionnements contribuent-ils à sa structuration, mais qui dit sa

Avec *Karl Poppers*[25], nous remarquons par ailleurs l'irréfutabilité[26] de la théorie psychanalytique qui, à défaut d'occuper le champ très exigeant des sciences dites « dures » et ce, contrairement au vœu de *Sigmund Freud*, devra se contenter de celui, moins glorieux à ses yeux, de l'herméneutique[27]. S'il est en effet possible de réfuter l'affirmation suivante : « Tous les corbeaux sont noirs » à partir du moment où un seul viendrait à apparaître de couleur blanche, nous voyons en revanche dans le concept même de « résistance » un écueil majeur permettant à quelque défenseur chevronné de la psychanalyse que ce soit d'inviter tel détracteur de ladite théorie à s'allonger pour approfondir son doute suspect quant à elle. À ce seul titre, nous choisirons donc d'associer à cette approche analytique quelques autres, rangées en 3 classes complémentaires :

- La cognitivo-comportementaliste.

---

[25] Philosophe des sciences autrichien né en 1902 et mort en 1994.
[26] Autrement nommée « infalsifiabilité ».
[27] Art de l'interprétation.

n'étant en définitive qu'un « peut-être[23] », ; à celui de « transfert » mis très souhaitablement en œuvre dans le cadre d'un travail psycho-analytique, à l'occasion qu'il constitue pour le patient de digérer une fois pour toutes ce qui n'a de cesse de se représenter à lui sous diverses formes. Nous ne discutons pas le fait qu'au cours d'un travail psychothérapeutique les silences, les redites et les digressions soient significatifs et signalent une « résistance » du patient face à une « poussée de vérité » qu'il pressent comme un risque de déstructuration moïque.

Avec les lapsy, les actes manqués, les mots d'esprit et autres trous de mémoires, nous pourrions trouver bien d'autres points de convergence avec la métapsychologie[24] freudienne que la brièveté volontaire de ce petit manifeste ne nous permet pas de préciser, mais nous n'irons pas jusqu'à le suivre aveuglément en chacune de ses propositions.

---

[23] Selon la très belle expression de Jean-Yves Leloup.
[24] Ou psychologie de l'Inconscient.

Brève théorie générale

En accord avec la psychanalyse, et conséquemment dans un champ strictement psychomécanique excluant toute dimension spirituelle à laquelle nous adhérons pourtant, il nous apparaît qu'un Inconscient personnel existe auquel nous n'accordons cependant pas le dernier mot. Plus exactement, nous pensons volontiers, en nous référant à la seconde topique[21] freudienne, que chacune des 3 instances que sont le Surmoi, le Moi et le Ça entretient avec les 2 autres, un rapport dynamique et ce, à l'insu de tout individu. Nous souscrivons également aux concepts, de « pulsion[22] » qui, en tant que processus dynamique sera cependant mis en vis-à-vis non pas seulement avec d'autres pulsions, mais également avec un appel, une vocation à devenir Humain, l'être humain

---

[21] Formulée à partir de 1920 dans « Au-delà du principe de plaisir ».
[22] Concept majeur de la théorie freudienne.

Quand le psychanalyste classique impose un tarif dont le patient doit, si possible, s'acquitter en espèces, un nombre de séances hebdomadaires et une durée (pour les non-lacaniens) ; quand il affirme haut et fort n'intervenir qu'au minimum, et de façon technique, dans le discours de son patient, contrairement à l'imprudent psychothérapeute qui, assumant le statut de sujet-supposé-savoir qui lui est spontanément attribué, s'autorise à conseiller ; quand le psychanalyste consciencieux prétend donc ne rien imposer, précisons toutefois que son retrait n'est habituellement effectif qu'une fois ses arrières assurés…

devra en aucune manière être le moteur de leur désir.

Ainsi ne pourra-t-on pas les soupçonner de conflit d'intérêt.

En effet, proposer à un patient, une, deux ou trois séances par semaine (quand ce n'est pas plus) à 50 euros (ou plus) les 50 minutes (quand ce n'est pas moins), peut paraître suspect quand le psycho-soignant ne vit QUE de sa pratique et a tout intérêt à travailler le plus possible.

De son besoin express de subvenir à ses besoins, son diagnostique risquera grandement d'être biaisé.

En se refusant à toute orientation préalable, tant pour ce qui est du tarif, de la fréquence ou de la durée des séances, le médéanimiste invitera d'emblée son patient à une auto-évaluation de l'urgence où il se trouve de le consulter. Il ne sera pas rare de constater que le nombre de séances hebdomadaires ne dépassera que très rarement le chiffre 1 et que 2 mensuelles seront le plus souvent choisies.

responsable implique, mais il l'est beaucoup moins de chercher à s'enrichir (ou presque) sur le dos des personnes en souffrance psychique.

Pour cette raison majeure, chacune des séances des médéanimistes verra « systématiquement » son tarif, sa fréquence et sa durée établis par le consultant lui-même en fonction de ses moyens financiers, ainsi que de sa disponibilité ; au cas échéant, le troc ne sera pas à exclure des possibilités de paiement, de sorte qu'il puisse envisager un traitement de ce type.

Sur cette base, une formation à la médéanimie aura pour particularité de ne s'adresser qu'à des personnes clairement « animées » par le souci du bien-être mental d'autrui, suffisamment avancées en âge pour ne pas risquer de ne posséder qu'une connaissance théorique ou livresque de l'être humain et surtout, <u>délivrées de l'obsession pécuniaire</u>.

Qu'elles soient rentières, à la retraite ou professionnellement actives, le souci de l'argent ne

S'il est incontestable qu'une thérapie « psychique » doit être payante dans la mesure où son strict bénévolat lui ferait courir le risque de se transformer incontinent en une discussion de comptoir sans résultats véritables, n'est-il pas inconvenant qu'un prix unique soit pratiqué par l'ensemble des professionnels (50 à 60 euros la séance de 50 minutes), alors qu'une Aide-soignante (par exemple) dont on connaît le mérite gagne environ 8 fois moins ?

Quand on sait qu'un rythme d'une séance par semaine est généralement requis pendant plusieurs mois si l'on tient à faire parvenir son patient à un mieux-être flagrant, il apparaît que la somme finale établit « de fait » une sélection parmi la population et que seules les personnes ayant un salaire confortable peuvent y accéder.

C'est avec cette injustice que le positionnement médéanimique veut en finir.

Il est bien sûr tout à fait louable de vouloir gagner sa vie et de subvenir aux besoins qu'une vie sociale et

C'est à l'issue de formations multiples que de plus en plus de personnes munies d'un certificat obtenu parfois en une poignée de week-ends décident de s'installer en tant que praticiens.

Ne nous y trompons pas, le marché « psy » prospère et fait le beurre d'amateurs sans vocation, ni maturité en dévalorisant une discipline qui devrait être avant tout soucieuse de justice et d'humanité. La marchandisation des techniques de remise en santé mentale « dévalorise » en effet par le biais évident d'une « démoralisation » ; entendons par là qu'à trop considérer la dimension financière on finit toujours par rater celle de l'humain.

Pour paraphraser une célèbre phrase du très décrié Louis-Ferdinand Céline, nous pensons que de nos jours, plus que jamais « La ferveur non-feinte pour l'altruisme est ce qui manque le plus, effroyablement ». Et si, selon le même auteur, « Le gratuit seul est divin », nous sommes convaincus que la justice sociale l'est également.

Spécificité de la posture

La médéanimie doit être entendue comme une prise de position politique, spirituelle et citoyenne en désaccord avec le commerce grandissant des thérapies psychiques non réglementées en vigueur[19] dont le prix ne permet pas à la grande majorité d'entre nous de les envisager. Or, nous pensons que la santé mentale ne doit pas être un commerce, pas plus que les êtres humains ne doivent pouvoir être envisagés comme de simples marchandises.

De la psychanalyse à la lithothérapie en passant par la constellation familiale ou autres PNL[20], nous pouvons de nos jours « acheter » en e-learning ou en présentiel bon nombre de compétences psychothérapeutiques, pour peu que l'on en ait les moyens, et voir dans chacune de ces techniques la clef universelle d'à peu près tous les maux.

---

[19] Il y en a environ 500 sur le marché.
[20] Programmation neuro-linguistique.

aisée. Aucune prise en charge par la Sécurité sociale, à moins que l'on n'aille consulter un psychiatre/psychanalyste qui consentira contre la déontologie freudienne à vous donner une ordonnance en fin de séance de sorte que celle-ci ne vous coûte rien ou presque ; à moins également que l'on ne se décide à aller rendre visite à un salarié spécialiste des problèmes mentaux dans le Centre Médico-Psychologique du coin...

J'ai donc sauté le pas et me suis pris à penser qu'un nouveau mot devait être forgé pour désigner une posture psycho-soignante libérale dont la spécificité serait avant toute chose de laisser les patients décider du prix des séances en fonction de leurs moyens financiers, ainsi que de leur durée. C'est ainsi que naquit la « médéanimie ».

POUR INFORMATION : Le SMIC horaire net est aujourd'hui fixé à 7,82 euros (mai 2020)[18].

---

[18] En 2022, il a été fixé à 8,76 euros.

l'incendie destructeur, mais de le réduire jusqu'à ce qu'il redevienne braises. Et si par guérison, nous devons entendre un retour à celui que fut le patient, alors sans doute est-il préférable de ne pas le guérir et de tenter plutôt la mutation de son désordre psychique en une calme réorientation qui le portera au-delà de son passé dans un présent re-virginisant ».

Convaincu que tout un chacun doit avoir la possibilité d'accéder à ce type de soins sans pour autant se désargenter et considérant que les séances sont en règle générale beaucoup trop chères (50 euros en moyenne les 50 minutes, soit 1 euro la minute) pour la très large part des citoyens de notre pays, je préfère laisser à chacun de mes patients la possibilité de fixer le prix de ses séances[17].

Il semble en effet acquis depuis des années que les séances « psy » doivent théoriquement avoir un prix « élevé » selon beaucoup d'entre nous et ne s'adresser, de fait, qu'à une tranche sociale... Plutôt

---

[17] Le troc n'étant pas exclu.

J'ai bien écrit : « Dieu-Lumière » et ne fais en aucun cas allusion au Dieu dogmatisé des religions, quelles qu'elles soient, et dont on connaît de mieux en mieux désormais l'architecture politicienne et les accointances avec les pouvoirs… Tristement humaines.

Le médéanimiste connaît la différence trop souvent ignorée entre « soigner » et « guérir ». Je propose donc une distinction conceptuelle intéressante entre ces deux postures. D'autres l'ont établie avant moi. « Soigner, c'est-à-dire chérir une possibilité, cultiver une promesse, faire advenir ce qui sommeille en chacune des personnes qui frappent à sa porte et dont la retenue, l'étouffement, constitue un problème, un obstacle. Soigner revient à choyer ce qui couve, ce qui est discrètement vivant et ne demande qu'à croître jusqu'à devenir un heureux embrasement. Soigner, c'est dire encore, conduire le consultant au-delà de sa peine en veillant à ne pas le faire revenir à son état psychique d'avant elle ; ce qui reviendrait à l'exposer à une rechute. Bien sûr, il ne s'agit pas d'éteindre le mauvais feu,

Une nouvelle posture

De "médéor" (soigner ou prendre soin en latin) et "anima" (esprit ou âme en latin également), ce nouveau terme est bel et bien le strict équivalent de "psychothérapeute" que l'on doit au grec "psukhè" âme ou esprit et "thérapeuiein" (soigner ou prendre soin).

Outre la médication « psychique » que le praticien se doit d'effectuer par son esprit sur celui de son patient, chacune de ces deux dénominations, sous-entend, selon *Jean-Yves Leloup*[16], comme l'entremise d'une "lumière" à peine audible étymologiquement puisque, aussi bien le "dé" latin de Mé-dé-animie que le "th" grec de Psych-th-érapeute peut être tenu pour une présence discrète que d'aucuns appelleront "Dieu" (du radical indo-européen commun "Dy-eu") dérivant lui-même de "di" (briller, soleil, jour, dieu) qui l'apparente à "Divus" (divin).

---

[16] Écrivain, philosophe, théologien et prêtre français né en 1950

situations nouvelles, en même temps que d'agencements créateurs.

Je me dois de préciser par ailleurs que ce type d'approche, enseignée depuis 1985 au CIFP*R*[15] sous une forme quadrinaire, est originellement hérité du travail de Messieurs *Jacques Ardoino* et *Guy Berger*, œuvrant au sein du très célèbre département des sciences de l'éducation de l'université de Paris VIII à Vincennes. Merci à eux !

---

[15] Centre Interdisciplinaire de Formation à la Psychothérapie Relationnelle.

de « médéanimiste ». Je fais ce choix d'autant plus facilement qu'à mieux la nommer, cette nouvelle posture s'inscrit bien entendu dans le cadre de la « psychothérapie subjective » qui a pour souci d'accompagner les personnes désireuses de devenir sujets de leur propre vie par elles-mêmes.

Si cette aventure a du sens, elle me conduira sans doute à trouver un nombre d'adhérents suffisamment important pour la rendre crédible auprès de mon association nommée « Essor médéanimique » dans un premier temps et motivera d'éventuels futurs candidats à la formation multiréférentielle que je propose, non loin de la psychothérapie « intégrative » qui vit le jour aux États-Unis dès le début des années 30.

À mon sens, une seule pratique ne permettant pas le plus souvent d'atteindre l'objectif souhaité, il apparaît clairement que faire cohabiter, sans chercher à les articuler, plusieurs techniques psychothérapeutiques à première vue incompatibles en fonction des difficultés rencontrées du patient, laisser agir l'éventuel frottement d'une contradiction, peut favoriser l'émergence de une communication et une réflexion entre les deux syndicats historiques, Psy'G[10] et SNPPsy[11] et les deux fédérations nationales, FF2P[12] et AFFOP[13].

Les 3 nouveaux titres suivants furent donc très vite couverts par la garantie professionnelle GLPR.

1/ Psychopraticien certifié (FF2P)

2/ Psychopraticien PSY'G (PSY'G)

3/ Psychopraticien relationnel® titre homologué auprès de l'INPI[14], encadré par le SNPPsy et l'AFFOP. Pour obtenir ce titre Il faut donc être certifié par les écoles agréées SNPPsy ou AFFOP.

Très modestement, 10 années après que cette pseudo-nouvelle profession eut spontanément fleuri, je choisis à mon tour d'en proposer une autre, celle

---

[10] Groupement syndical des praticiens de la psychologie.
[11] Syndicat National des Praticiens en Psychothérapie
[12] Fédération Française de Psychothérapie et de Psychanalyse.
[13] Association Fédérative Francophones des Organismes de Psychothérapie relationnelle et de psychanalyse
[14] Institut National de la Protection Intellectuelle.

Non pas l'autoroute

Il est vrai que le maquis m'attire depuis toujours. Non pas que je me prenne pour celui que je ne suis pas, à savoir un résistant de la trempe des *Jean Moulin*[6], des *Aubrac*[7] ou autres *René Char*[8], tant s'en faut, mais le détour par un chemin qui reste à faire, c'est-à-dire à créer, m'a toujours paru plus enivrant et ce, quitte à ce que je sois pour toujours le seul à l'emprunter.

Le titre de psychothérapeute ayant été réglementé le 20 mai 2010, les « psychopraticiens » apparurent aussitôt qui se prémunirent contre d'éventuelles récriminations en ayant recours au très fameux GLPR[9] dont la fonction, depuis février 2010, assure

---

[6] Haut fonctionnaire et figure emblématique de la résistance française, né en 1899 et mort en 1943.
[7] Les français Lucie et Raymond Aubrac (mari et femme) résistèrent à l'occupation allemande et au régime de Vichy durant la Seconde Guerre mondiale.
[8] Poète et résistant français, né en 1907 et mort en 1988.
[9] Groupe de liaison de la psychothérapie relationnelle.

moins les avantages dont nous avons hérité ? Une communauté ne se crée-t-elle pas du fait même de cette solidarité ?

Par ailleurs, les séances et les formations devraient-elles être accessibles à tout le monde et n'exclure personne en se proposant à des tarifs bien moins élevés.

Combien de personnes ai-je accueillies dans mon cabinet, ici ou ailleurs, et chez qui je percevais presque immédiatement une vocation dans le domaine qui est le mien, mais qui ne pouvaient s'offrir le savoir qui les aurait adoubées. Savaient-elles qu'il est bien moins fondamental que la disposition de cœur qui était la leur, de même que l'intelligence qui en découlait ?

Nous sommes le 26 avril 2020 à 10 heures. Alea jacta est !

personne qui sait ce dont elle a besoin et ne se laisse pas influencer par les médias et la publicité massive qui poussent à la consommation. Les gens pensent qu'en achetant et en ayant de l'argent, ils seront heureux. Le minimalisme est une réflexion sur le bonheur aussi ».

À rebours de ce à quoi la société actuelle s'évertue à nous faire adhérer à grand renfort d'images et de raisonnements spécieux jusque dans les cercles psychothérapeutiques les plus suspects, il est en outre temps de se rappeler que tout est grâce, l'intelligence comme la beauté, la volonté comme la force et qu'il paraît obscène d'élaborer une « hiérarchie du mérite » sur la base d'une autre conviction.

Qu'avons-nous en effet que nous n'ayons reçu ? Devons-nous à ce point tirer un grand profit de ce dont la nature nous a gratifiés en le refusant à d'autres ?

Être humain, n'est-ce pas avant tout avoir le « bon pouvoir » de mettre à disposition de ceux qui ont

En un sens, l'argent serait un dieu qui nous autoriserait à épouser une religion très particulière, celle de la « sauvagerie acquise ».

À cette sauvagerie, appartiennent celles et ceux qui n'ont pas accepté d'être apprivoisé(e)s par la présence de leur prochain ; entendez par là, par la conscience morale que cette présence impliquait, par la limitation de leur liberté qu'elle semblait induire, alors qu'en réalité, elle ne faisait qu'être la porte entrebâillée vers une liberté,« surnaturelle » d'être passée au filtre de tout autre, au « bon philtre d'amour ».

Les nouveaux minimalistes ne s'y trompent pas qui s'en tiennent à la définition que *Fumio Sasaki*[5] nous donne du mouvement auquel ils ont décidé de se vouer : « Le minimalisme est un style de vie dans lequel vous limitez ce que vous possédez à l'absolu minimum dont vous avez besoin pour vivre ». Dans une interview qu'il accorda au journal *Libération* le 5 mai 2017, il ajoute ceci : « Un minimaliste est une

---

[5] Fer de lance du mouvement minimaliste au Japon.

convoité qu'est le Pouvoir. Mais « le pouvoir de quoi ? » demanderez-vous encore. Bien trop souvent à mon sens, le pouvoir d'épandre son champ de représentations, de réduire celui des autres jusqu'à le remplacer par le sien, d'être au service du moins de personnes possible et d'être livré tout cru à ses caprices ; le pouvoir de ne pas avoir à les réprimer, à les réaliser tous sans les sublimer[2].

Mais la sublimation, telle qu'elle fut définie par *Sigmund Freud*[3] en 1905[4], n'est-elle pas la condition sine qua non de notre humanisation dans ce qu'elle a de plus noble ?

Je le pense en effet, et ce, bien qu'en elle-même, elle ne paraisse intéresser que très peu de monde…

---

[2] Fait de transformer une pulsion sexuelle (au sens freudien) et/ou agressive en œuvre artistique (par exemple).
[3] Neurologue autrichien, père de la psychanalyse, né en 1856 et mort en 1939.
[4] Trois essais sur la théorie sexuelle

Si, selon *Aristote*[1], l'argent (« la monnaie » diraient les économistes refusant la métonymie usuelle) est un intermédiaire des échanges, une convention collective qui nous a historiquement permis de nous affranchir des limitations du troc, de nos jours, il paraît être l'unique dieu après qui tout le monde court. Mais il n'est en réalité qu'une idole contre laquelle nous sommes mis en garde depuis bien longtemps.

Qu'est-ce qu'une idole ? Demanderez-vous. À quoi je répondrai, en m'en tenant pour l'heure au lexique philosophique, qu'elle est ce que les hommes prennent pour l'essentiel, autrement dit pour ce qui relève de notre réalité profonde ; et comme toute illusion, elle persiste quels que soient les raisonnements que l'on emploie pour la dissoudre.

Il est pourtant courant d'entendre dire çà et là qu'il ne fait pas le bonheur, mais le confort qu'il procure et l'image symbolique de soi qu'il diffuse permet à qui le possède d'avoir cet autre dieu tellement

---

[1] Philosophe grec né en 384 av. J.-C. et mort en 322 av. J.-C.

Préambule

Cela faisait de nombreuses semaines qu'un désir montait en moi, inexorablement, et c'est contre l'avis de toutes les personnes auxquelles j'ai cru bon de présenter mon projet, que je me suis malgré tout résolu à le réaliser, quitte à être très vite aux prises avec la profusion d'une végétation administrative hostile et décevante que l'on n'aperçoit guère que lorsque l'on se risque à quitter toutes sortes d'autoroutes par trop consensuelles et conséquemment rassurantes.

La période de confinement que nous venons de traverser m'y aura sans doute aidé ; l'espoir qu'elle a suscité. Quoi qu'il en soit de la suite des événements, et même si, je ne crois pas exactement à la conversion instantanée de la majorité d'entre nous à plus de générosité, je sais que je ne regretterai pas ma décision. Il s'agit d'être cohérent et de joindre mes actes à une parole que j'ai souvent fait résonner en ne m'appliquant que très peu à l'incarner.

Il neige sur le maquis
et c'est, contre nous, chasse perpétuelle.
Vous dont la maison ne pleure pas,
chez qui l'avarice écrase l'amour,
dans la succession des journées chaudes,
Votre feu n'est qu'un garde-malade.

René Char - Feuillets d'Hypnos

Du même auteur

Vous êtes philosophes sans le savoir, Éditions 3 fontaines, Paris 1997
La philo en 50 chansons, Éditions de l'Opportun, Paris 2013
Sous la mémoire, Éditions de l'Harmattan, 2016
Textes en graines, Éditions de l'Harmattan, 2018
L'acte de penser, Éditions de l'Harmattan, 2018
L'ombre de midi, Éditions Prem'Edit, 2020
Self-interview, Éditions BoD, 2020

Thierry Aymès

LA MÉDÉANIMIE

(Une nouvelle posture psycho-soignante)

Essor Médéanimique

(Réédition augmentée n°1)

© 2022 Thierry Aymès
Édition : BoD – Books on Demand,
info@bod.fr
Impression : BoD – Books on Demand, In de Tarpen 42, Norderstedt (Allemagne)
Impression à la demande
ISBN : 978-2-3222-0633-9
Dépôt légal : Mai 2020